물어보기 부끄러워 묻지 못한
부동산 상식

물어보기 부끄러워 묻지 못한
부동산 상식

초판 1쇄 발행 2023년 5월 10일
초판 8쇄 발행 2024년 11월 4일

지은이 이찬종, 서지원
펴낸이 이종두
펴낸곳 ㈜새로운 제안

기획·편집 장아름
디자인 이지선
영업 문성빈, 김남권, 조용훈
경영지원 이정민, 김효선

주소 경기도 부천시 조마루로385번길 122 삼보테크노타워 2002호
홈페이지 www.jean.co.kr
쇼핑몰 www.baek2.kr(백두도서쇼핑몰)
SNS 인스타그램(@newjeanbook), 페이스북(@srwjean)
이메일 newjeanbook@naver.com
전화 032) 719-8041
팩스 032) 719-8042
등록 2005년 12월 22일 제386-3010000251002005000320호
ISBN 978-89-5533-642-9(03320)

기본 개념부터 세금, 전월세, 경매까지
누구도 알려주지 않았던 부동산 상식 A to Z

물어보기 부끄러워 묻지 못한

부동산 상식

이찬종·서지원 지음

새로운 제안

25살 신규 간호사, 부동산에 대해 알게 됐을 무렵

  고등학생 때는 대학 진학이 목표였습니다. 딱히 하고 싶은 일은 없었어요. 그래서 취업이 잘 된다는 간호학과에 입학했습니다. 대전에서 서울에 있는 대학으로 진학하면서 처음으로 부동산 중개사무소를 가봤고 월셋집도 계약했습니다. 20살, 저의 첫 부동산 계약이었죠. 당시 저에게 부동산을 소유한다는 것은 너무나도 먼 이야기였습니다. '결혼할 때 되면 집 하나쯤 사겠지'라고 막연하게 생각했으니까요. 대학생 때는 취업이 목표였습니다. 열심히 공부해 높은 학점을 받아 25살에 신규 간호사로 취직했습니다. 하지만 입사 3개월 차에 깨달았습니다. 내 월급으로는 집을 살 수 없다는 사실을요. 열심히 저축해도 대출 없이는 집을 살 수 없었고, 대출을 받아도 이자가 너무 많이 나갔습니다. 대학 병원 간호사가 되고자 앞만 보고 달려온 저에게 현실은 가혹했습니다. 심지어 간호사 일도 너무 힘들어 과연 이 일을 계속할 수 있을지도 의문이 들었죠. 이때부터 '내 시간을 들이지 않고 돈을 벌 수 있는 방법이 없을까?'라는 고민을 시작했고, 그 해답은 부동산이었습니다.

부동산 지식은 나이가 들면 자연스럽게 알게 되는 것 아닌가요?

20대 초반의 저는 때가 되면 부동산 지식은 저절로 알게 되는 것이라고 생각했습니다. 그런데 관심을 갖지 않으면 평생 모를 수도 있는 지식이더라고요. 살면서 부동산 계약을 할 일이 과연 몇 번이나 있을까요? 부동산 계약은 마트에서 식재료를 사는 것처럼 자주 있는 일이 아닙니다. 그래서 더 생소하죠. 매수와 매도, 임대인과 임차인, 이 용어들이 헷갈리나요? 여러분만 헷갈리는 게 아닙니다. 처음 부동산 거래를 하는 사람 모두가 어렵습니다. 하지만 부동산 지식은 누군가 일일이 알려주지 않습니다. 살면서 스스로 알아가야 하죠. 그래서 우리에게는 0단계부터 알려줄 친절한 부동산 책이 필요합니다.

부동산 공부는 뭐부터 시작해야 하나요?

25살, 부동산에 대해 전혀 몰랐던 저는 어디서부터 어떻게 공부를 시작해야 할지 막막했습니다. 그래서 무작정 공인중개사 시험을 준비했습니다. 하지만 해보니 알겠더군요. 단지 시험을 위한 공부였다는 것을요. 시험에 합격해 자격증을 얻었지만 왠지 모르게 마음 한 구석이 찝찝했습니다. '공인중개사를 직업으로 삼을 것도 아닌데, 이 내용을 다 알아야 했을까? 이 시간에 부동산을 보러 돌아다녔으면 어땠을까?'라는 생각이 맴돌았습니다.

제가 가장 많이 받는 질문 중 하나는 "부동산 공부는 뭐부터 시작해야 하나요?"입니다. 처음에는 이 질문에 대한 명확한 답을 찾기가 참 어려웠습니다. 부동산 공부를 처음 시작하는 사람에게 제가 할 수 있는 조언은 '책을 읽어라', '유튜브를 봐라', '실무를 경험해봐야 한다' 정도에 불과했죠. 하지만 저는 알고 있었습니다. 부동산 책도, 유튜브도, 뉴스도 기본적인 부동산 지식을 갖추고 있다는 가정하에 만들어졌다는 사실을요. 불과 3년 전의 저는 부동산 기초 용어조차 몰랐습니다. 책이나 유튜브를 봐도 이해가 안 되는 내용 투성이었죠. 그래서 3년 전의 저를 위한 책을 만들고자 했습니다. 부동산 공부를 처음 시작하는 사람이 기초를 다질 수 있는 책을요. 이제는 "부동산 공부는 뭐부터 시작해야 하나요?"라는 질문에 명확히 대답할 수 있습니다.

"부동산 공부는 이 책으로 시작하세요!"

Chapter 2에는 부동산 세금에 대해 설명하는 소단원이 있습니다. 세금 관련 정책은 계속 바뀌기 때문에 제가 책을 집필한 시점과 독자분이 책을 읽는 시점의 내용이 다를 수 있습니다. 그래서 자세한 숫자보다는 '세금을 이렇게 계산하는구나'라고 과정을 알 수 있도록 정리했습니다. 이 과정만 알아도 임차인으로서 부동산 계약을 할 때나 집을 사고팔 때의 기초 지식으로는 충분할 것입니다. 책을 거의 다 완성한 시점에는 이런 생각이 들었습니다.

"3년 전, 25살의 내가 이 책을 봤더라면..."

2023년 여름
서지원 드림

Contents

Prologue · 4

Chapter 1. 공인중개사와 대화가 통하는 부동산 용어

Chapter 2. 알아두면 쓸모 있는 부동산 필수 개념

Chapter 3. 부동산 거래의 시작 : 전세와 월세

Chapter 4. 개념 알고 가기 : 재개발과 재건축, 입주권과 분양권

Chapter 5. 모르면 손해 본다 : 부동산 경매

Chapter 1

공인중개사와
대화가 통하는 부동산 용어

'부동산'과 '공인중개사 사무소'는 뭐가 다를까?

　아파트나 원룸, 토지 등 부동산을 거래할 때 당사자간 직거래를 하지 않는 한 공인중개사를 꼭 거치게 된다. 공인중개사는 부동산 중개를 전문으로 할 수 있는 법적 자격을 갖춘 사람을 말한다. 주변을 둘러보면 상가 1층에는 부동산 중개사무소가 적어도 1개씩은 입점해 있다. 그만큼 흔하다는 말이다. 심지어 막 분양을 시작하는 아파트 단지에서는 중개사무소가 10개씩 줄지어 개업하는 모습도 볼 수 있다.

　그런데 이상한 점이 있다. 중개사무소마다 내거는 간판의 이름이 다르다는 것이다. 어떤 곳은 '○○ 부동산', 또 어떤 곳은 '○○ 공인중개사 사무소'라고 돼있다. 중개사무소의 간판 이름은 공인중개사 마음대로 정할 수 있는 것이 아니다. 그 이유를 알아보기 전에 우선 부동산의 사전적인 뜻부터 알아보자.

| 부동산(不動産) | 움직여 옮길 수 없는 재산. 토지나 건물, 수목 따위이다. |
| 동산(動産) | 형상, 성질 따위를 바꾸지 아니하고 옮길 수 있는 재산. 토지나 그 위에 고착된 건축물을 제외한 재산으로 돈, 증권, 세간 따위이다. |

부동산은 말 그대로 땅과 그 위에 올라간 건물이나 고정된 형태의 자산을 의미하며 토지, 아파트, 상가 등을 말한다. 반대 개념으로는 부동산 이외의 물건인 동산이 있다. 동산은 고정돼있지 않고 움직일 수 있는 자산을 의미한다. 예를 들어 현금, 주식, 보석 등이 될 수 있다. 일상에서 흔히 부동산이라는 단어를 중개사무소를 의미하는 단어로 사용하지만 본래 부동산은 고정된 형태의 자산을 가리키는 용어다. 중개사무소에 '○○ 부동산'이라는 간판을 내건 것은 단순히 부동산을 사고파는 것을 중개하는 곳이기 때문이다. 과일을 사고파는 곳이 '○○ 과일 가게'라는 간판을 사용하는 것처럼 말이다.

준부동산(準不動産)이란?

준부동산은 부동산과 동산의 애매한 지점에 있는 것으로, 넓은 의미의 부동산(광의의 부동산)이라고 본다. 준부동산은 동산이지만 '내 소유야'라고 등기를 하거나 등록을 할 수 있는 것들이다. 예를 들어 자동차, 선박(20톤 이상), 입목(立木) 등이다. 자동차나 선박은 소유를 증명하는 문서가 존재하므로 준부동산이라고 본다. 또한 값이 비싼 입목은 아파트처럼 따로 등기를 해놓기도 하는데, 이런 등기된 입목은 준부동산에 속한다.

다시 돌아와 '○○ 부동산'과 '○○ 공인중개사 사무소'는 둘 다 부동산 중개 일을 하는 곳인데, 왜 이름이 다를까? 그 이유는 공인중개사 자격증을 소지하고 있느냐, 소지하고 있지 않느냐의 차이 때문이다. 한국산업인력공단에서 시행하는 공인중개사 시험에 합격해 부동산을 중개할 수 있는 자격을 취득한 사람이 운영하는 중개사무소는 '○○ 공인중개사 사무소' 또는 '○○ 부동산 중개' 중 하나를 중개사무소의 명칭으로 사용해야 한다「공인중개사법」 제18조. 반면 이 2가지 이외의 명칭을 사용하는 곳은 공인중개사 자격증 제도의 도입 전부터 부동산 중개업을 해온 사람이 운영하는 중개사무소다. 공인중개사 자격증 제도는 1985년 처음으로 시행됐고 그 전부터 이미 중개업을 해온 사람들을 배척할 수 없었기에 그 사람들에 한정해 자격증 없이도 중개업을 할 수 있도록 국가에서 허가해준 것이다. 그리고 그것이 현재 '공인중개사 사무소'나 '부동산 중개' 이외의 명칭으로 남아있다. 하지만 요즘은 '○○ 부동산' 명칭을 사용하는 중개사무소도 대부분 그 아래에 '공인중개사 사무소' 또는 '부동산 중개'라고 명시한다. 또한 예전에 사용하던 소위 '복덕방'은 현재는 거의 사라진 상태다. 이 사실을 알게 된 뒤부터 나는 길을 다니다 부동산 중개사무소를 보면 저절로 눈이 간판으로 간다. 여러분도 아는 만큼 보이게 될 것이다.

한 번쯤 짚고 가는 부동산 기본 용어

평생을 대전에 살던 내가 대학교를 서울로 오면서 처음으로 부동산 중개사무소에도 가보고, 원룸 매물도 둘러보고, 계약서까지 써봤다. 그때는 부동산에 대해 아무것도 모르는 20살이었기에 공인중개사가 읊어주는 계약서 내용은 알아듣지도 못한 채 그저 하라는 대로 서명만 했던 기억이 있다. 다행히 보증금을 날린 적은 한 번도 없지만 지금 돌이켜보면 '위험한 행동이었을 수 있겠구나'라는 생각이 든다. 그래서 이번 소단원에서는 부동산 계약 시 기본적으로 알아야 하는 부동산 용어와 개념에 대해 정리해봤다. 첫 내용을 읽고 '이 정도는 알지'라고 넘긴다면 뒤로 갈수록 생각이 점점 달라질 것이다. 여기서 알려주는 내용을 읽고 다른 사람에게 말로 설명할 수 없다면 꼭 다시 한번 짚고 넘어가길 바란다.

매수와 매도

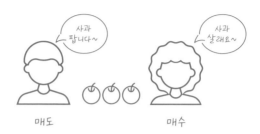

매수買收와 매도賣渡는 쉽게 말해 '사고파는 것'이다. 모든 거래는 매수와 매도를 통해 교환이 발생한다. 마트에서 장을 볼 때도 마찬가지다. 마트 주인이 과일을 '매도'하기 위해 가판대에 진열하면 우리는 먹고 싶은 과일을 골라 '매수'하고 이 과정에서 과일과 돈의 교환이 일어난다. 부동산도 이처럼 매수와 매도를 통해 교환이 발생한다.

임대인과 임차인

임대인賃貸人은 집을 빌려주는 사람이고, 임차인賃借人은 집을 빌려서 거주하는 사람월세 또는 전세 임차인을 말한다. 그런데 임대인이 무조건 부동산의 소유자가 되는 것은 아니다. 하지만 통상적으로 소유자가 자신의 부동산을 임대하기 때문에 임대인인 경우가 많다. 임대인은 집주인, 임차인은 원룸에 사는 대학생이나 직장인을 생각하면 기억하기 쉬울 것이다.

매매계약과 임대차계약

부동산 계약은 크게 매매계약과 임대차계약, 2가지로 나눌 수 있다. 매매계약은 매수자와 매도자 사이에 부동산을 사고파는 거래이고, 임대차계약은 임차인과 임대인 사이에 부동산을 빌리고 빌려주는 거래다. 일반적으로 임대차계약 기간은 1~2년이며 임차인과 임대인이 협의를 통해 조정이 가능하다.

월세와 전세

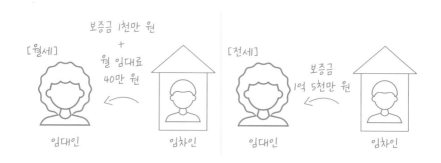

*"월세로 하면 천에 40짜리이고
집주인이랑 협의해서 전세로는 1억 5천 정도예요."*

월세와 전세는 부동산을 구입하지 않고 빌려서 거주하는 방식이다. 임차인이 임대인에게 주택에 대한 보증금과 월 임대료를 지불하면 월세이고, 월 임대료 없이 보증금만 지불하면 전세다. 위 문장에서 "월세로 하면 천에 40짜리이고"라는 말은 보증금이 1천만 원이고 월 임대료가 40만 원이라는 의미다. 보증금은 계약 기간이 만료돼 이사할 때 돌려받는 돈이고 매월 낸 임대료는 일종의 사용료 개념으로써 돌려받지 못하는 돈이다. 월세 보증금과 월 임대료는 임대인과 임차인이 협의를 통해 보증금을 높이고 월 임대료를 낮추거나 그 반대로도 조정이 가능하다.

전세는 우리나라에만 있는 방식으로, 마트에서 사용하는 쇼핑 카트에 비유할 수 있다. 일반적으로 마트의 쇼핑 카트는 사용하기 전에 100원짜리 동전을 넣고 사용한 뒤 반납하면 100원을 돌려받는다. 이것이 전세의 개념이다. 임차인은 주택을 사용하는 동안 임대인에게 보증금이라는 돈을 맡기고 사용 기한이 끝나면 보증금을 돌려받는다. 위 문장에서 "전세로는 1억 5천 정도예요"라는 말은 보증금이 1억 5천만 원이라는 의미다.

전세 보증금은 계약이 끝나면 돌려줘야 하는데, 임대인은 왜 월세 말고 전세를 놓을까?

임대인 입장에서 월세는 매월 임대 수익을 얻을 수 있지만 전세는 계약이 끝나면 돈을 돌려줘야 한다. 그런데 왜 임대인은 수익이 나지 않는 전세를 놓을까? 전세는 비교적 보증금이 거액이기 때문에 임대인은 임차인의 보증금에 본인의 돈을 더해 부동산을 사거나 목돈으로 활용할 수 있다. 또한 임대인은 보증금을 은행에 예치해 이자 수익을 얻을 수도 있다. 임차인 입장에서는 계약이 끝나면 보증금을 그대로 돌려받을 수 있으니 손해 보지 않는다고 생각할 수 있지만 사실 임차인은 임대인에게 보증금을 맡김으로써 그 돈으로 얻을 수 있는 이자나 투자 수익을 포기한 셈이다.

반전세란?

반전세는 전세와 월세가 혼합된 임대차계약이다. 예를 들어 전세 계약이 만료돼 재계약 시 임대인이 임차인에게 전세 보증금 증액을 요청했는데, 임차인이 사정상 보증금을 올려줄 수 없다면 어떻게 될까? 임차인은 다른 집을 찾아 이사를 가야 할 것이다. 하지만 다른 방법도 있다. 만약 임대인이 2천만 원의 보증금 증액을 요청했다면 2천만 원을 올리지 않는 대신 10만 원의 월 임대료를 매달 내는 것이다. 쉽게 말해 보증금을 올리지 않는 대신 그에 상응하는 월 임대료를 내는 것이다. 즉, 전세처럼 완전한 보증금을 지불하는 형태가 아닌 비교적 높은 보증금과 낮은 월 임대료를 지불하는 형태를 반전세라고 한다. 보증금과 월 임대료의 비율은 임대인과 임차인이 협의를 통해 조정할 수 있다.

매물

중고 물품 거래 플랫폼인 '당근마켓'을 예로 들어보자. 당근마켓에서 물건을 팔려는 사람은 본인이 생각하는 적당한 가격에 물건을 내놓고, 사려는 사람은 여러 물건 중 본인이 생각하는 적당한 가격의 물건을 고른다. 부동산 거래도 마찬가지다. 당근마켓은 부동산 중개사무소, 팔고자 내놓은 물건은 매물이 된다. '네이버 부동산'이나 부동산 중개 플랫폼인 '직방', '다방' 등에 올라온 부동산들을 모두 매물이라고 한다. 중개사무소마다 가지고 있는 매물의 수와 종류가 다르기 때문에 원하는 매물을 찾으려면 여러 중개사무소를 둘러보는 것이 좋다.

계약갱신청구권

편의점에는 하나 사면 하나 더 주는 1+1 행사 상품들이 많다. 부동산에도 이와 비슷한 개념이 있다. 바로 계약갱신청구권이다. 계약갱신청구권은 1+1이 아닌 2+2다. 앞서 19쪽에서 임대차계약 기간은 보통 1~2년이라고 했는데, 계약갱신청구권은 2년의 계약 기간이 만료된 임차인이 2년을 더 살겠다고 임대인에게 요청할 수 있는 권리다. 그래서 2+2라고 부른다. 임차인은 계약 만료일 6개월에서 2개월 전까지 임대인에게 딱 한 번 계약갱신청구권을 행사할 수 있다. 임차인이 계약갱신청구권을 행사하면 임대인은 거절할 이유가 없는 경우 계약이 갱신되는 효과가 있다. 이때 임대인은 기존 임대료의 5% 초과로 인상할 수 없다.^{177쪽 참조} 임대인이 임차인의 계약갱신청구권을 거절할 수도 있는데, 대표적으로 임대인 본인이 해당 부동산에 실거주하고자 하는 경우다. 임대인이 계약갱신청구권을 거절하면 임차인은 계약 기간 만료 뒤 이사를 가야 한다.

주택담보대출과 근저당

부동산을 살 때 대출을 받지 않고 살 수 있다면 주택담보대출과 근저당은 알아둘 필요가 없다. 하지만 대부분의 사람들은 담보대출을 받아 부동산을 구입하고 그중에서도 가장 많이 받는 대출이 주택담보대출이다. 이름처럼 주택을 담보로 대출받는 것을 의미한다. 주택담보대출을 받으면 담보로 잡은 주택의 등기부에 대출을 받았다는 기록이 남는다. 이를 근저당이라고 한다. 근저당은 부동산 등기부 을 구77쪽 참조에서 확인할 수 있으며 근저당을 통해 해당 부동산을 담보로 언제, 어디서, 누구에게, 얼마나 빌렸는지 알 수 있다. 또한 근저당은 단순히 돈을 빌렸다는 것 외에도 다른 의미가 있다. 돈을 빌려준 사람에게 해당 부동산을 경매로 넘길 수 있는 권리를 준 것이다. 예를 들어 은행에서 대출을 받은 부동산 소유자가 대출금을 갚지 못하면 은행은 못 받은 돈 대신 해당 부동산을 경매로 넘겨 대출금을 회수한다.

채권최고액

여행을 계획하면서 돈이 얼마나 필요할지 고민해본 적 있을 것이다. 일정과 계획을 고려해 비용을 계산하겠지만 예상하지 못했던 일이 일어날 때를 대비해 약간의 여유 자금까지 더해 총 예산을 정한다. 은행이 대출을 해줄 때도 마찬가지다. 모든 대출자가 돈을 잘 갚으면 문제가 없겠지만 피치 못할 사정으로 돈을 갚지 못하는 대출자도 있을 수 있다. 이런 상황이 은행에게는 예상하지 못했던 일이다. 은행은 이런 경우를 대비해 빌려준 돈보다 많은 돈을 근저당으로 설정한다. 예를 들어 주택을 담보로 은행에서 1억 원을 빌렸다고 가정해보자. 그럼 등기부 을구에 대출을 받았다는 근저당이 기록된다. 그런데 빌린 돈은 1억 원인데, 1억 2천만 원 또는 1억 3천만 원을 빌린 것으로 명시돼있다? 대출자가 돈을 갚지 못할 경우를 대비해 은행이 받을 돈을 여유롭게 설정했기 때문이다. 은행이 실제 대출금보다 근저당을 20~30%를 더 설정하는 이유는 대출자가 이자를 납부하지 못해 해당 부동산이 경매로 넘어가는 경우를 대비한 것이다. 즉, 1억 원을 빌려준 대가로 받지 못한 이자와 연체이자를 받기 위한 것이다.

오구·팔사

오구·팔사는 우리나라 사람들이 일반적으로 선호하는 아파트 크기인 59㎡와 84㎡를 의미한다. 평수로는 각각 25평과 34평이다. 제곱미터와 평수의 계산법은 38쪽에서 자세히 다뤘다.

돈을 내는 데도 순서가 있다?
계약금-중도금-잔금

마트에서 사과 살 때를 생각해보자. 가격표에 있는 금액을 한 번만 지불하면 그 즉시 사과는 내 것이 된다. 가격을 올려서 하나에 500만 원인 안마의자를 산다고 해보자. 일시불로 한 번에 지불하는 사람도 있겠지만 비교적 큰돈이기 때문에 할부로 몇 개월에 나누어 지불하는 사람도 있을 것이다. 그렇다면 억 단위의 부동산은 돈을 어떻게 지불할까?

부동산 매매 시에는 계약금-중도금-잔금, 3단계에 걸쳐 돈을 지불한다. 단계를 나눈 이유는 큰 금액을 한 번에 지불하기가 부담스러운 것도 있지만 단계별로 계약의 효력이 달라지기 때문이다. 그런데 만약 돈을 내는 과정에서 문제가 생긴다면 어떻게 될까? 부동산 거래에는 큰 금액이 오가기 때문에 계약을 해제할 수 있는 시점이나 계약 위반 시 지불해야 하는 금액 등과 같은 규칙을 정해놓았다.

우선 1단계는 계약의 시작 단계에 지불하는 계약금^{매매가의 10%},
2단계는 전체 부동산 금액의 반절 이상을 지불하는 중도금^{매매가의 60%},
3단계는 계약금과 중도금을 제외한 나머지 금액을 모두 지불하는
잔금^{매매가의 30%}이다. 각 단계별 금액의 비율은 통상적인 비율이기에
중도금을 2회로 나누어 지불하거나 계약금을 적게 내는 등 상황에
맞게 매수자와 매도자가 서로 합의만 된다면 조정이 가능하다. 그렇
다면 매매가 아닌 월세나 전세 보증금은 어떻게 지불할까? 통상적
으로 보증금의 10%를 계약금으로 지불하고 중도금 없이 보증금의
90%를 잔금으로 지불한다.

1단계 : 진짜 계약의 시작, 계약금

계약금은 통상적으로 부동산 매매계약서를 작성함과 동시에 지불한다. 매수자가 매도자에게 계약금을 지불하면 해당 부동산을 매매하겠다는 의사를 표시한 것이다. 이때부터 계약의 효력이 발생한다. 또한 계약금은 대출을 받을 수 없기 때문에 부동산 매매가의 10%는 무조건 현금으로 가지고 있어야 한다.

만약 계약금을 이미 주고받았는데, 마음이 변해서 해당 부동산을 사거나 팔고 싶지 않다면 어떻게 해야 할까? 이는 매수자가 계약을 포기하는 것인지, 매도자가 계약을 포기하는 것인지에 따라 다르다. 매수자가 계약 해제를 원하는 경우라면 이미 지불한 계약금을 돌려받지 못하게 된다. 반대로 매도자가 계약 해제를 원하는 경우라면 이미 받은 계약금을 포함해 계약금의 배액을 매수자에게 물어줘야 한다. 결국 계약을 포기하는 쪽이 계약금만큼의 손해를 보는 것이다. 계약 해제에 따른 대가다. 그럼에도 불구하고 해제할 수 있는 방법이 존재한다는 것은 다행이다. 한순간의 잘못된 판단으로 거액의 부동산을 무조건 사야 하는 상황이라면 너무 슬프지 않을까? 만약 계약을 해제해야 한다면 손해가 적은 선택이 어떤 것인지 잘 생각해봐야 한다.

"이 아파트 오늘만 10명은 보고 갔어요.
내일까지 고민해보고 계약금 넣겠다는 손님이 있는데,
계약하고 싶으면 오늘 안에 계약금 넣어야 안전할 거예요."

공인중개사의 말만 듣고 해당 부동산을 놓치고 싶지 않다는 조급한 마음에 계약금을 섣불리 지불했다가는 큰 손해를 볼 수 있다. 앞서 설명한 것처럼 한 번 넣은 계약금은 대부분 다시 돌려받을 수 없으니 신중히 생각하고 계약금을 쏘자!

계약 해제 시 해약금에 관한 법률 '민법 제565조(해약금)'
① 매매의 당사자 일방이 계약 당시에 금전 기타 물건을 계약금, 보증금 등의 명목으로 상대방에게 교부한 때에는 당사자간에 다른 약정이 없는 한 당사자의 일방이 이행에 착수할 때까지 교부자는 이를 포기하고 수령자는 그 배액을 상환하여 매매계약을 해제할 수 있다.

0단계 : 내가 먼저 찜할 거야! 가계약금

가계약금은 임시로 계약할 때 지불하는 금액으로, 보통 100만 원 정도나 매매가의 약 1%로 계산하기도 한다. 이는 해당 부동산을 선점한다는 의미이기도 하다. 당장 현금이 부족하지만 특정 부동산을 소유하고 싶은 사람은 가계약금으로 인기 많은 아파트를 미리 찜해놓기도 한다. 계약서를 작성하기 전에 가계약금을 먼저 보내 다른 사람이 계약금을 넣지 못하도록 방어하는 용도라고 보면 된다. 하지만 가계약은 정식적인 절차가 아니기 때문에 가계약 해제에 대해서는 상황에 따라 달라질 수 있다. 때문에 가계약금을 주고받기 전에 미리 매수자와 매도자가 가계약에 대해 확실히 하는 것이 깔끔하다. 문서로 남겨놓거나 간단하게라도 문자메시지를 작성해 놓으면 된다. 만약 매수인의 입장이라면 가계약금을 송금하기 전에 "○○월 ○○일까지 본계약이 체결되지 않을 경우 가계약금을 즉시 매수인에게 반환한다"라는 내용을 공인중개사를 통해 매도인에게 전달하고 문자메시지로 증거를 남겨달라고 말해서 분쟁을 예방하는 것이 좋다. 다음은 부동산 가계약에 대한 대법원 판례다. 이해할 필요는 없고 참고 만 하자.

[대법 2005다 39594] 매매계약의 성립 조건
부동산 매매에 관한 가계약서 작성 당시 매매목적물과 매매대금 등이 특정되고 중도금 지급 방법에 관한 합의가 있었다면 그 가계약서에 잔금 지급 시기가 기재되지 않았고 후에 정식 계약서가 작성되지 않았다 하더라도 매매계약은 성립하였다고 한 사례

[대법 2014다 231378] 가계약금 배액 상환으로는 계약 해제가 불가하다는 판례
매도인이 '계약금 일부만 지급된 경우 지급받은 금원의 배액을 상환하고 매매계약을 해제할 수 있다'고 주장한 사안에서 '실제 교부받은 계약금'의 배액만을 상환하여 매매계약을 해제할 수 있다면 이는 당사자가 일정한 금액을 계약금으로 정한 의사에 반하게 될 뿐 아니라, 교부받은 금원이 소액일 경우에는 사실상 계약을 자유로이 해제할 수 있어 계약의 구속력이 약화되는 결과가 되어 부당하기 때문에, 계약금 일부만 지급된 경우 수령자가 매매계약을 해제할 수 있다고 하더라도 해약금의 기준이 되는 금원은 '실제 교부받은 계약금'이 아니라 '약정 계약금'이라고 봄이 타당하므로, 매도인이 계약금의 일부로서 지급받은 금원의 배액을 상환하는 것으로는 매매계약을 해제할 수 없다고 한 사례

2단계 : 지금부터는 계약 해제 불가, 중도금

계약금과 잔금의 중간 즈음에 내는 대금을 중도금이라고 한다. 보통 매매가의 60%에 해당하는 금액이다. 중도금을 지불한 이후부터는 계약 해제가 불가하기 때문에 혹여나 해제를 하고 싶다면 중도금 지급 시기 이전에 결정해야 한다. 중요한 시점인 만큼 매수인이라면 중도금을 내기 전에 다시 한번 해당 부동산에 하자가 없는지 살펴보는 것이 좋고 추후 잔금 지급 시기에도 문제없이 돈을 지불할 수 있는지 생각해보는 것이 좋다. 해제 가능 여부가 결정되는 시기인 만큼 매수인과 매도인은 본인의 사정에 맞게 중도금 지급 시기를 잘 조율해야 한다. 만약 중도금을 이미 지불한 상황에서 계약을 해제하고 싶다면? 그에 대한 손해배상을 해야 하는 경우도 있다.

3단계 : 계약의 완료, 잔금

계약금과 중도금을 거쳐 남은 금액은 잔금 지급일에 지불하게 된다. 잔금을 지불할 때는 매수자, 매도자, 공인중개사, 법무사가 중개사무소에 모여 모든 일을 처리한다. 매도자는 매수자에게 집의 비밀번호를 알려주거나 열쇠를 주고 부동산의 소유권을 넘기는 서류를 전달한다. 매수자는 매도자에게 잔금을 지불하고 소유권을 넘겨받는 서류를 법무사에게 전달한다. 법무사는 등기소에 방문해 소유권을 넘기는 절차를 처리한다. 이 과정을 거치면 해당 부동산 등기부의 소유자란에 매수자 이름이 기록된다. 그리고 이 모든 과정을 공인중개사가 확인하고 마지막으로 매수자와 매도자에게 중개수수료를 받는다. 이렇게 부동산을 매매하는 하나의 과정이 마무리된다.

만약 잔금 지급일이 지나도록 매수자가 돈을 지불하지 않는다면? 매도자는 매수자에게 잔금을 납부하라는 내용을 문자메시지나 전화로 남겨야 한다. 가장 확실한 방법은 내용증명을 보내는 것이다. 이 과정을 '최고催告한다'고 한다. 그럼에도 매수자가 잔금을 지불하지 않는다면 매도자는 계약을 해제할 수 있는 권리를 가진다.

4

부동산 가격의 여러 가지 이름들

A : "요새 이 아파트 얼마나 해요?"

B : "공시가격은 2억짜린데, 실거래가는 3억 정도네요. 인기가 많아서 지금은 호가로 3억 3천에 내놔도 팔릴 거에요."

위 대화만 봐도 같은 아파트이지만 서로 다른 의미의 가격들이 여러 개 나온다. 부동산 가격은 수요와 공급에 따라 결정되기 때문에 계속해서 변동된다. 누구나 살고 싶은 좋은 입지의 아파트는 가격이 천정부지로 올라도 매물이 없다. 그렇기에 부동산은 현재 가격과 평균 가격도 다르고 세금을 계산하기 위해서는 기준이 되는 가격도 필요하다. 이번 소단원에서는 부동산 가격의 여러 종류를 알아보겠다.

호가와 실거래가

마트에서 판매하는 달걀은 호가와 실거래가가 같다. 이게 무슨 말일까? 마트에서는 가격표에 써있는 가격만큼의 돈만 지불하면 달걀을 살 수 있다. 특정 달걀이 인기가 많다고 해서 가격이 갑자기 오르거나 흥정을 해서 가격을 깎지 않는다. 하지만 부동산은 수요와 공급, 쌍방의 협의 등으로 가격을 조정할 수 있기에 호가와 실거래가가 다른 경우가 더 많다.

호가^{呼價}는 말 그대로 원하는 가격을 부르는 것이다. 중개사무소에 적힌 부동산 매물의 가격이 매도자가 원하는 가격이다. 마트에서 판매하는 달걀의 가격표와 같은 것이다. 매도자가 터무니없이 비싼 가격으로 내놓았다고 해도 누구도 뭐라할 사람은 없기 때문에 호가는 정해진 범위가 없다.

하지만 실제 거래되는 실거래가는 대부분 일정 범위 안에서 형성된다. 부동산을 사고 싶은 사람의 욕구와 팔고 싶은 사람의 욕구가 적절하게 맞는 지점에서 실거래가가 형성되기 때문이다. 그렇다고 해서 실거래가가 곧 시세라고 생각해서는 안 된다. 갑자기 싸게 거래된 경우에는 가족간 거래일 가능성도 있고 쌍방의 어떠한 협의가 있었을 수도 있기 때문이다. 또한 취득세와 양도소득세는 부동산을 살 때와 팔 때 내는 세금—부동산 관련 세금은 Chapter 2-3에서 자세히 설명했다.—이기 때문에 실거래가를 기준으로 매겨지는 세금이라는 것도 알아두자.

[동일한 아파트의 호가(위)와 실거래가(아래) 예시]

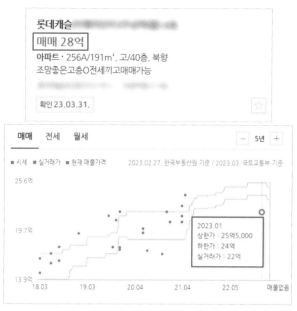

롯데캐슬

매매 28억

아파트 · 256A/191㎡, 고/40층, 북향
조망좋은고층O전세끼고매매가능

확인 23.03.31.

매매   전세   월세   − 5년 +

■ 시세 ■ 실거래가 ■ 현재 매물가격   2023.02.27. 한국부동산원 기준 / 2023.03. 국토교통부 기준

25.6억

19.7억

2023.01
상한가 : 25억5,000
하한가 : 24억
실거래가 : 22억

13.9억

18.03   19.03   20.04   21.04   22.05   매물없음

(출처 : 네이버 부동산)

시세

시세는 부동산의 최근 가격 수준을 말한다. 수요는 많은데 그만큼 공급되지 못하면 가격은 상승하고, 반대로 공급은 많은데 그만큼 수요가 없으면 가격은 하락한다. 이렇게 수요와 공급으로 인해 결정되는 부동산 가격이 바로 시세다. 은행에서 대출을 해줄 때도 일반적으로 'KB시세'를 기준으로 대출을 해준다. 본인이 살고 있는 집의

KB시세가 궁금하다면 '리브부동산^{kbland.kr}' 사이트에 검색해보면 된다. 하지만 시세라는 가격표가 모든 부동산에 붙어있지는 않다. 아파트는 시세가 명확한 반면 빌라는 거래가 활발하지 않은 것도 많기 때문에 불분명한 경우가 있다. 이럴 때 필요한 것이 감정평가액이다.

감정평가액

은행은 대출을 해줄 때 아파트라면 KB시세를 기준으로 대출을 해주지만 KB시세가 없는 부동산이라면 가격을 평가하는 전문가의 도움을 받는다. 이 전문가를 감정평가사라고 한다. 은행의 의뢰를 받은 감정평가사는 해당 부동산을 감정하여 가격을 결정하는데, 이를 감정평가액이라고 한다. KB시세가 없는 경우 감정평가액을 기준으로 대출을 해주기도 한다.

공시지가와 공시가격

공시지가와 공시가격은 둘 다 국가에서 발표하는 부동산의 가격이다. 공시지地가는 땅 가격을, 공시가격은 주택 가격을 의미한다. 공시지가와 공시가격을 매기는 주된 목적은 재산세와 종합부동산세의 부과 기준을 세우기 위해서다. 이 세금들은 부동산을 보유하면 납부하는 세금으로, 계산 시 명확한 기준이 필요하다. 그런데 상시로 변동되는 부동산 가격을 기준으로 삼기에는 적합하지 않으므로 세금을 납부하기 위한 기준 가격을 공시지가와 공시가격으로 정한 것이다. 주택 공시가격은 국토교통부의 '부동산공시가격알리미 www.realtyprice.kr' 사이트에서 정확히 확인할 수 있으며, 보통 실제 부동산 시세의 60~70% 정도라고 생각하면 된다. 공시지가와 공시가격의 세부적인 내용은 다음을 참고하자.

공시지가	표준지 공시지가	국토교통부에서 매년 1월 1일을 기준으로 전국 필지 중 대표성 있는 50만 필지를 조사해 발표한다.
	개별 공시지가	국토교통부에서 표준지 공시지가를 기준으로 각각의 토지에 대한 가격을 산정한다.
공시가격	단독주택 공시가격	국토교통부에서 전국 20만 가구를 대표로 뽑아 표준 가격을 산정한다. 산정된 표준 단독주택 공시가격을 기준으로 개별 단독주택의 공시가격도 산정한다.
	공동주택 공시가격	국토교통부에서 공동주택에 대해 매년 적정 가격을 산정한다.

같은 집, 다른 면적

대학생 시절 원룸 월세 임대차계약서에 서명하기 직전에 '계약서에 적혀 있는 면적이 왜 더 작아진 것 같지?'라는 생각을 한 적이 있다. 공인중개사에게 한 번 더 확인하고 싶었지만 이제 와서 이 면적이 맞냐고 물어보기가 부끄러워 결국 그냥 서명했다. 그렇게 계약서에 서명한 뒤 집에 돌아와 온라인에 폭풍 검색을 하면서 사기를 당한 것은 아닌지 속을 썩인 경험이 있다. 같은 집이라도 여러 가지 면적이 있다는 사실을 이때 처음 알았다. 그래서 여러분도 같은 일을 겪지 않도록 이번 소단원에서는 부동산의 면적에 대해 알아보겠다.

1평 = 3.3㎡

흔히 84㎡는 34평, 59㎡는 25평을 의미한다. 예전에는 '평'으로 쓰이던 면적 단위가 '제곱미터'로 바뀐 지는 꽤 오래됐지만 지금도 여전히 34평이 84㎡보다는 익숙하다. 84㎡를 평수로 변환하면 약 25평, 59㎡는 약 18평 정도다. 그런데 왜 34평, 25평이라고할까? 제곱미터는 전용면적을 기준으로 하기 때문이다. 주택의 다양한 면적 종류에 대해 좀 더 자세히 알아보자.

[주택 면적의 종류]

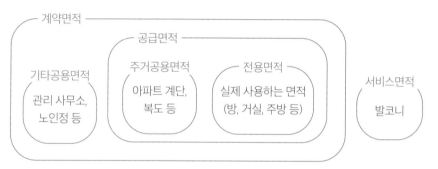

공용면적

아파트는 여러 사람이 함께 사는 공간이다. 호실별로 개인 공간이 있는 반면 계단이나 복도, 엘리베이터 등은 주민들이 함께 사용하는 공간이다. 공용면적은 계단, 복도, 엘리베이터 등과 같은 주거공용면적과 관리 사무소, 주차장 등과 같은 기타공용면적으로 나뉜다. 공용

공간에 좋은 시설이 많이 들어올수록 관리비도 함께 올라간다. 다같이 사용하는 공간에 대한 비용은 함께 부담해야 하지 않겠는가. 오피스텔이 아파트보다 관리비가 비싼 이유도 여기에 있다. 아파트는 전용률이 70~80%, 오피스텔은 50~60% 정도이기 때문이다. 전용률은 분양면적 대비 실제 사용하는 면적인 전용면적의 비율을 나타내는 지표다. 전용률이 낮을수록 실면적보다 공용면적 비율이 높아지므로 관리비가 보다 비싸질 수 있다.

전용면적과 공급면적

전용면적은 현관문을 열자마자 시작되는 공간으로서 집에서 실제 사용하는 면적을 의미하고, 공급면적은 전용면적에 주거공용면적을 더한 공간을 의미한다. 네이버 부동산에 올라온 매물들을 보면 85㎡/59㎡처럼 1개의 매물에 2가지 면적이 나와있다. 만약 85㎡의 크기를 생각하고 실제 부동산을 보러 갔다면 생각보다 작은 면적에 실망할 수 있다. 앞의 85는 공급면적, 59는 전용면적을 의미한다. 실제 우리가 거주하는 집의 크기는 전용면적에 해당하기 때문에 뒤에 있는 숫자인 전용면적을 기준으로 생각해야 한다. 또한 '59타입', '84타입'이라 부르는 것도 전용면적이며 세금을 계산하는 기준이 되는 면적과 부동산 계약서 작성 시 기재되는 면적도 전용면적이다. 이제부터는 본인이 알고 있던 면적보다 계약서상 면적이 작다고 해서 놀라지 말자. 추가로, 발코니는 서비스면적에 속한다. 말 그대로 서비스이므로 계약서상에도 포함되는 면적이 아니다. 집을 둘러볼 때 발코니가 있다면 그 면적은 제곱미터 면적이나 평수에 포함되지 않는다고 생각하면 된다.

[전용면적·주거공용면적·서비스면적의 구분 예시]

[공급면적과 전용면적을 기록한 매물의 예시]

(출처 : 네이버 부동산)

계약면적

계약면적 = 공급면적 + 기타공용면적

 계약면적은 모조리 다 합한 면적이라고 생각하면 된다. 계약면적은 새 아파트나 오피스텔을 구입하기 위한 분양 계약을 할 때 꼭 알아야 하는 개념이다. 아파트는 공급면적을 기준으로 계약하지만 오피스텔은 계약면적을 기준으로 분양 계약을 한다. 계약서에 기재된 면적이 실면적이라고 생각하고 오피스텔을 계약했다면 사기당했다고 생각하기 십상이다. 부동산을 계약할 때 어떤 면적을 기준으로 하는지 꼭 명확히 알고 서명하길 바란다.

모르고 사면 세금 폭탄! 부동산 규제 지역

P 붙여서 판다! P의 의미

"서울 어디 분양하는 지역은 경쟁률이 너무 높아서

P가 3억이 붙었다네?"

어디선가 들어본 적 있지 않은가? 청약의 분양권이나 재개발의 입주권—Chapter 4에서 자세히 설명했다.—을 거래하는 경우 P가 오르면 '플P', 떨어지면 '마P'라고 부른다. P는 Premium의 약자로, 정해진 부동산 가격에 더해서 주는 웃돈을 의미한다. 입지가 좋아서 사람들의 수요가 많은 아파트는 완공되기도 전에 P가 붙는다. P가 붙어서 거래 가격이 올라가는 이유는 부동산의 미래 가치를 기대하기 때문이다. 옆에 있는 비슷한 아파트 가격이 10억 원인데, 분양권 가격이 P가 붙어도 7억 원이라면? 당연히 거래가 일어난다. 분양권 투자는 P가 얼마나 많이 올랐느냐로 수익을 얻는다. 분양권 투자가 성행하면 투기가 될 수 있기 때문에 국가에서는 분양권 전매 제한을 두기도 한다. 전매 제한이란 분양권을 일정 기간 동안 사고팔지 못하게 제한하는 것이다. 청약을 신청할 때 전매 제한 여부를 반드시 확인해야 혹여나 갑자기 매도를 해야 할 상황에 대비할 수 있다.

[P가 붙은 매물의 예시]

(출처 : 네이버 부동산)

투기지역·투기과열지구·조정대상지역

투기지역, 투기과열지구, 조정대상지역은 국가에서 부동산 규제를 할 때 항상 언급되는 용어다. 세 용어는 특정 지역의 부동산 시장이 과열되거나 위축돼 붙여진 그 지역의 닉네임이라고 할 수 있다. 이런 닉네임을 붙인 목적은 실거주자 외 투자자들이 해당 지역에 몰려 집값이 급격하게 오르는 것을 방지하기 위함이다. 국가는 부동산 정책 규제를 완화하거나 강화할 때 같은 닉네임을 가진 지역끼리 묶어서 규제를 변경한다. 세 지역에 해당 되는 곳의 경우 세금은 취득세, 양도소득세가 중과될 수 있고 대출을 받을 때는 LTV, DTI, DSR 규제—Chapter 2-4에서 자세히 설명했다.—가 더 강하게 적용될 수도 있다. 규제의 정도는 투기지역이 가장 강력하고 다음으로 투기과열지구, 조정대상지역 순서다. 또한 3가지 규제는 중복될 수 있다. 한 지역이 투기지역, 투기과열지구, 조정대상지역으로 모두 지정될 수 있는 것이다. 이것이 가능한 이유는 규제를 실행하는 각각의 주체가 다르기 때문이다. 투기지역, 투기과열지구, 조정대상지역은 무엇이고 그 차이점에 대해 간단히 정리해보자.

투기지역 : 「소득세법」 근거, 기획재정부 장관이 지정

투기지역은 이미 부동산 시장이 과열된 지역으로, 가격 상승이 지속될 가능성이 있거나 다른 지역으로 확산될 우려가 있다고 판단되는 경우 투기지역으로 지정한다.

투기과열지구 : 「주택법」 근거, 국토교통부 장관이나 시·도지사가 지정

투기과열지구는 주택 가격 상승률이 물가 상승률보다 현저히 높은 지역으로, 그 지역의 주택 가격·청약 경쟁률·주택 보급률 등을 고려했을 때 주택에 대한 투기가 성행하고 있거나 성행할 우려가 있는 지역 중 대통령령으로 정하는 기준을 충족하는 곳이다.

조정대상지역 : 「주택법」 근거, 국토교통부 장관이 지정

조정대상지역은 다음과 같이 과열된 지역과 위축된 지역을 평균으로 맞추기 위해 지정한다.
- 주택 가격, 청약 경쟁률, 분양권 전매량 및 주택 보급률 등을 고려했을 때 주택의 분양 등이 과열돼있거나 과열될 우려가 있는 지역
- 주택 가격, 주택 거래량, 미분양 주택 수 및 주택 보급률 등을 고려했을 때 주택의 분양·매매 등 거래가 위축돼있거나 위축될 우려가 있는 지역

2023년 4월 기준 전국의 규제 지역은 서울시의 강남구, 서초구, 송파구, 용산구다. 이 4곳은 투기과열지구이자 조정대상지역이다.

'전세 끼고 매매'의 의미

'전세 끼고 매매'는 짧게 표현하면 '퉁치자'라고 할 수 있다. 친구에게 돌려줘야 하는 돈과 받아야 할 돈의 금액이 같다면 서로 주고받지 않고 그냥 퉁치는 경우가 있다. 전세 끼고 매매도 같은 개념이다. 만약 전세 임차인이 살고 있는 아파트를 매매한다면 매수자는 아파트를 구입함과 동시에 임차인의 보증금도 함께 떠안게 된다. 따라서 여기에 퉁치는 개념을 적용하면 매도자는 임차인의 보증금을 감안한 금액으로 매수자에게 아파트를 팔고, 매수자는 매도자 대신 임차인의 보증금을 돌려주는 것이다. 이런 부동산 매매 방식을 전세 끼고 매매 또는 '갭GAP 투자'라고 부른다. 갭은 매매가와 전세가의 차액을 말한다.

[전세 임차인이 거주 중인 매물의 예시]

위 예시에서 보듯이 전세 임차인이 살고 있는 매물을 퉁치는 개념으로 거래하는 것이다. 매수자는 부동산의 매매가와 전세가의 차액만 매도자에게 지불하고 임차인의 보증금은 매수자가 떠안는 방식이다. 이미 전세 임차인이 있는 집을 매매해 소유자만 바뀌는 거래다.

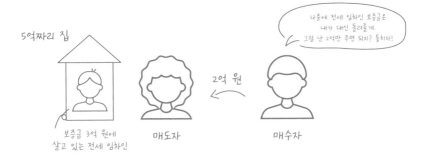

5억 원짜리 아파트의 전세가가 3억 원이라고 예를 들어보자. 3억 원을 지불한 전세 임차인이 살고 있는 아파트를 전세 끼고 매매한다면? 3억 원은 임대차계약이 끝나면 다시 임차인에게 돌려줘야 하는 돈이기 때문에 3억 원을 매수자가 부담하는 조건으로 매매계약

을 한다. 이렇게 되면 2억 원으로 아파트를 살 수 있는 것이다. 이후 임대차계약이 끝나면 새로운 임차인의 보증금으로 기존 임차인에게 보증금을 돌려주거나 그 사이에 아파트의 시세가 올랐다면 전세 끼고 매매로 매물을 내놓아 매도할 수도 있다.

다만 부동산 침체기에는 전세가도 하락하기 때문에 임대인은 새로운 임차인의 보증금으로 기존 임차인의 보증금을 돌려줄 수 없는 경우가 생기기도 하는데, 이를 역전세^{144쪽 참조}라고 한다. 임차인은 역전세나 전세 사기를 대비해 전세보증보험^{145쪽 참조}에 가입하는 것도 좋은 방법이다.

Chapter 2

알아두면 쓸모 있는
부동산 필수 개념

부동산의 종류가 이렇게나 다양하다고?

A : "내가 여의도 증권가에 땅이 있다면 과수원을 할 거야!"

B : "응? 그게 가능해?"

A : "내 땅인데 내 마음대로 할 수 있는 거 아냐?"

마지막 질문에 뭐라고 답해야 할까? 누군가 여의도에 있는 넓은 땅을 사서 과수원을 한다면? 왠지 뭔가 잘못된 것 같은 느낌이 든다. 결론부터 말하면, 여의도에는 농사를 지을 수 없다. 그 이유는 각 토지에는 정해진 RULE이 있기 때문이다.

RULE 1. 건폐율과 용적률

토지마다 건물을 얼마나 넓게, 얼마나 높이 지을 수 있는지 규칙이 정해져 있다. 이것을 각각 건폐율과 용적률이라고 한다. 건폐율은 대지면적에 대한 건축물의 비율, 용적률은 대지면적에 대한 건축물의 연면적 비율이다. 이렇게 설명하면 어렵게 느껴질 수 있으니 그림으로 쉽게 이해해보자.

참고로 지자체마다 조례로 제정한 건폐율과 용적률이 다르다. 오른쪽의 QR 코드로 접속해 본인의 집 주소를 검색해보면 조례에서 해당 건물의 건폐율과 용적률을 알아볼 수 있다.

건폐율(%) = (건축면적 / 대지면적) × 100

건폐율은 '이 땅의 몇 퍼센트 면적에 건물을 지을 수 있는가'다. 쉽게 말해 '(건물면적/땅면적)×100'이다. 건폐율 공식의 건축면적은 건축물의 수평 투영 면적 중 가장 넓은 층의 면적으로, 하늘에서 건물을 내려다봤을 때 가장 넓은 면적을 의미한다. 다음 그림의 지붕처럼 건물의 튀어나온 부분까지 면적에 포함된다고 생각하면 된다.

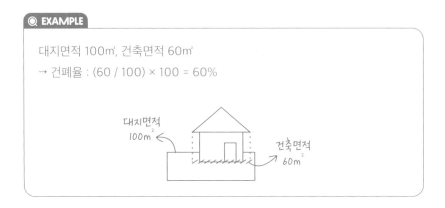

대지면적 100㎡, 건축면적 60㎡
→ 건폐율 : (60 / 100) × 100 = 60%

용적률(%) = (연면적 / 대지면적) × 100

용적률은 '이 땅에 몇 층짜리 건물을 지을 수 있는가'다. 쉽게 말해 '(각 층 면적의 합/땅면적)×100'이다. 용적률 공식의 연면적은 건물 각 층의 바닥면적을 합한 전체 면적이다. 지상층만 포함되고 지하층이나 다음의 사진처럼 필로티는 연면적에 포함되지 않는다.

[필로티 주차장 예시]

대지면적 100㎡, 지하 1층부터 4층까지 층별 바닥면적 50㎡

→ 지하층 바닥면적 제외한 지상 1~4층까지 바닥면적의 합 : 50 × 4 = 200㎡

→ 용적률 : (200 / 100) × 100 = 200%

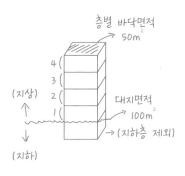

RULE 2. 토지의 용도

　지역별로 토지에 따라 용도가 정해져 있고 그 용도에 맞는 건폐율과 용적률이 정해져 있다. 서울의 강남이라고 하면 수십 층으로 이루어진 웅장한 빌딩 숲이 떠오르고, 경기도의 가평이라고 하면 단독주택이나 펜션들이 떠오를 수밖에 없는 이유가 여기에 있다. 그 토지는 정해진 용도로만 사용할 수 있고 정해진 규모로만 건물을 지을 수 있기 때문이다. 우선 용도지역, 용도지구, 용도구역에 대한 정의부터 알아보자. 다음 내용은 절대 암기할 필요는 없고 대략적으로 훑어보면 된다.

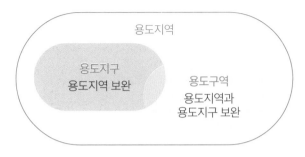

[용도지역·용도지구·용도구역의 구분]

용도지역

용도지구
용도지역 보완

용도구역
용도지역과
용도지구 보완

용도지역	토지의 이용이나 건축물의 용도, 건폐율, 용적률, 높이 등을 제한함으로써 토지를 경제적·효율적으로 이용하고 공공복리의 증진을 도모하기 위해 서로 중복되지 않게 도시관리계획으로 결정하는 지역이다.
용도지구	계획적인 도시 개발이 필요한 지역에 주거, 상업, 산업, 유통, 정보 통신, 생태, 문화, 보건 및 복지 등의 기능이 있는 단지 또는 시가지를 조성하기 위해 시행하는 사업이다.
용도구역	시가지의 무질서한 확산 방지, 계획적·단계적 토지 이용 도모, 토지 이용의 종합적 조정·관리 등을 위해 토지의 이용 및 건축물의 용도, 건폐율, 용적률, 높이 등에 대한 용도지역 및 용도지구의 제한을 강화 또는 완화하는 지역이다.

깔끔하게 정리된 정의이지만 머리에 남는 내용은 거의 없을 것이다. 이 책을 읽는 독자나 보통의 사람이라면 공인중개사를 직업으로 삼거나 도시 개발 분야를 전공할 가능성은 낮다. 단지 부동산에 대한 상식을 채우고 실제로 본인이 살 집을 사거나 투자할 때 필요한 정도의 부동산 지식만 있으면 충분하다. 그리고 기본적인 개념을 알았다면 이것을 활용해 더 궁금한 내용은 추가로 찾아보며 공부하면 된다.

이제부터는 보다 쉽게 나만의 언어로 이야기해보겠다. 딱 이 정도만 알면 된다. 이 내용만 알고 있으면 토지에 관한 뉴스나 유튜브 영상은 충분히 이해할 수 있을 것이다.

땅의 운명은 정해져 있다

앞서 말했던 것처럼 토지마다 정해진 RULE이 있기 때문에 우리나라의 모든 토지는 운명이 정해져 있다. 아파트가 올라갈 땅인지, 상가가 올라갈 땅인지 말이다. 국가의 규제가 없었다면 우리나라 국토의 모습은 어떻게 됐을까? 아마 빌딩과 아파트에 둘러싸여 강아지와 산책할 수 있는 공원이나 푸르른 나무들은 TV에서나 볼 수 있었을 것이다. 왜일까? 똑같은 땅에 단독주택을 짓는 사람과 50층짜리 아파트를 짓는 사람 중 누가 더 큰 이익을 볼지 생각해보면 답이 나온다. 이 사실을 아는 사람은 규제가 없는 토지라면 어떤 건물이라도 지어서 수익을 내려 하지, 그 토지를 그냥 놔둘 리 없다. 따라서 자연과 도시 경관을 위해 국가는 토지마다 규제를 강화하기도, 오히려 규제를 완화해 상업 시설 형성을 권장하기도 한다.

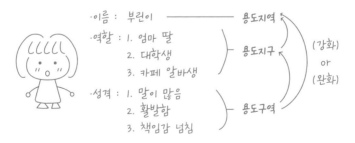

* 용도지역 = 중복 불가 / 용도지구, 용도구역 = 중복 가능

그렇다면 용도지역, 용도지구, 용도구역은 각각 어떤 의미일까? 용도지역은 토지를 분류하는 가장 큰 틀이다. 사람마다 이름이 있는 것처럼 토지에도 이름이 있다. 그리고 그 사람의 사회적 역할, 성격, 특성 등을 설명해주는 것이 용도지구와 용도구역이다. 용도지구와 용도구역을 정함으로써 용도지역이라는 큰 틀에서 더 세분화해 토지에 대한 규제를 강화하거나 완화시키는 역할을 한다. 용도지구는 용도지역을, 용도구역은 용도지역과 용도지구 모두 규제를 강화 또는 완화할 수 있다. 이 3가지 개념은 토지의 운명을 결정짓는 기준이 된다.

땅은 어떤 운명을 타고났을까?

토지를 분류하는 메커니즘을 알았다면 이제는 세부적으로 '어떤 운명'을 타고났는지, 그 종류를 알아보겠다. 다음의 표에 정리해놨으니 읽어보길 바란다. 용도지역은 도시지역, 관리지역, 농림지역, 자연환경보전지역, 크게 4가지로 분류된다. 공인중개사 시험을 준비할 때 많은 강사들이 이것을 '도관농자'라고 줄여서 부른다. 그리고 이 4개의 큰 가지는 명확한 RULE을 적용하기 위해 다시 세부적으로 분류된다. 우리가 가장 많이 볼 수 있는 용도지역은 도시지역에 속하는 주거지역, 상업지역, 공업지역, 녹지지역이다. '주상공녹'이라고 줄여서 부르기도 한다.

[용도지역의 분류와 건폐율·용적률의 최대한도]

용도지역			건폐율 %	용적률 %	지정 목적
도시지역	주거지역	전용주거 1종 전용	50	100	단독주택
		전용주거 2종 전용	50	150	공동주택
		일반주거 1종 일반	60	200	저층주택
		일반주거 2종 일반	60	250	중층주택
		일반주거 3종 일반	50	300	중고층주택
		준주거	70	500	주거 기능 위주 및 일부 상업·업무 기능
	상업지역	중심상업	90	1,500	도심·부도심 상업·업무 기능
		일반상업	80	1,300	일반 상업·업무 기능
		유통상업	80	1,100	도시 내 지역간 유통 기능
		근린상업	70	900	근린지역 서비스 공급
	공업지역	전용공업	70	300	중화학·공해성 공업
		일반공업	70	350	환경 영향 적은 공업
		준공업	70	400	경공업과 주거·상업 기능
	녹지지역	보전녹지	20	80	도시 자연환경 보전
		생산녹지	20	100	농업 생산
		자연녹지	20	100	녹지 공간 보전
관리지역	보전관리		20	80	환경보호, 수질오염 방지, 녹지 공간 확보
	생산관리		20	80	농업·임업·어업 생산을 위한 관리
	계획관리		40	100	도시 편입 예상
농림지역			20	80	농업 진흥 및 산림 보전
자연환경보전지역			20	80	자연환경·생태계·상수원·문화재 보전

용도지역의 세분화된 분류에 따라 건폐율과 용적률도 정해져 있다. 토지마다 건물을 얼마나 넓고 높게 지을 수 있는지가 결정되는 것이다. 하나의 동일한 도로를 끼고 있는 2개의 땅이 평당 몇 백만 원씩 가격 차이가 나는 이유가 바로 이것 때문이다. 용도지역에 따라 사람들이 북적북적한 큰 규모의 상업 시설이 들어올 수 있느냐, 정원이 있는 단독주택만 들어올 수 있느냐의 차이가 가격을 결정한다. 위의 표는「국토의 계획 및 이용에 관한 법률[국계법]」시행령에 따른 용도지역별 건폐율과 용적률을 정리한 것이다. 위 표에서 우리가 흔히 보는 빌라와 아파트가 속하는 지역은 어디일까? 큰 분류부터 보면 빌라는 '도시지역→주거지역→일반주거→2종 일반'에 속하고, 아파트는 '도시지역→주거지역→일반주거→3종 일반'에 속한다. 본인이 살고 있는 곳과 그 주변은 무슨 용도지역이고 어떤 건물이 있는지 직접 찾아보면 기억하기 쉬울 것이다. 각 지자체의 조례에 따라 규정이 다르니 참고하길 바란다.

같은 운명을 가진 땅도 저마다 다른 특성을 가지고 있다

용도지역을 살펴봤으니 그 하위 개념인 용도지구와 용도구역도 살펴보자. 외울 필요는 없다. '이렇게 분류하는구나'라고만 알아두자.

[용도지구의 분류]

용도지구	지정 목적
경관지구	경관 형성 및 관리

자연경관지구	자연경관의 보호 또는 도시의 자연 풍치 유지
시가지경관지구	시가지 경관 보호
특화경관지구	수변·문화재 등의 경관 보호
보호지구	문화재·중요 시설물 등의 보호
역사문화환경보호지구	문화재와 문화적 보존 가치가 있는 지역의 보호
중요시설물보호지구	중요 시설물의 보호와 기능 유지
생태계보호지구	생태적 보존 가치가 있는 지역의 보호
복합용도지구	복합적 토지 이용 도모
개발진흥지구	특정 목적의 개발과 정비
주거개발진흥지구	주거 기능 중심의 개발
산업유통개발진흥지구	공업·유통·물류 기능 등 중심의 개발
관광휴양개발진흥지구	관광·휴양 기능 중심의 개발
복합개발진흥지구	위 2가지 이상 기능 중심의 개발
특정개발진흥지구	위 기능 외의 목적을 중심으로 개발
고도지구	쾌적한 환경 조성
최고고도지구	도시환경·경관 보호 및 과밀 방지를 위한 한도
취락지구	취락을 정비
자연취락지구	녹지지역 등의 취락을 정비
집단취락지구	개발제한구역의 취락을 정비
방화지구	화재 위험 예방
방재지구	풍수해·산사태 등 재해 예방
특정용도제한지구	주거 기능, 청소년 보호 등 목적의 시설 입지 제한

[용도구역의 분류]

용도구역	지정 목적
개발제한구역	도시의 무질서한 확산 방지 및 도시 주변 환경 보전
도시자연공원구역	도시 자연환경과 경관 보호 및 도시 내 식생이 양호한 산지의 개발 제한
시가화조정구역	도시와 주변 지역의 무질서한 시가화 방지 및 계획적·단계적 개발 도모
수산자원보호구역	수산자원 보호를 위해 필요한 토지 보호
입지규제최소구역	도시의 복합적 토지 이용 증진 및 도시 정비 촉진

내 땅의 용도와 규제는 어떻게 찾아볼까?

• 토지e음(www.eum.go.kr)

'토지e음' 사이트에서 정보를 알고 싶은 토지의 주소를 입력하면 그 토지의 운명과 특성을 모두 알 수 있다. 해당 부동산의 건축물대장 (78쪽 참조)에서도 용도지역을 알 수 있지만 건축물대장에 기재돼있는 정보는 건축 당시의 내용이다. 따라서 현재 부동산에 대한 정보를 알아보려면 토지e음에서 열람하는 것이 정확하다.

• 카카오맵 지적편집도(지적도)

길을 걷다가 용도가 궁금한 지역이 있다면 '카카오맵'의 지적편집도 기능을 이용하면 손쉽게 알아볼 수 있다. 지적편집도는 토지를 용도지역별로 구분해 여러 가지 색으로 나타낸 지도다. 주거지역은 노란색, 상업지역은 붉은색, 녹지지역은 초록색, 공업지역은 파란색 등으로 구분해 색깔별로 지도에 표시한 것이다. 지적편집도 보는 습관을 들이면 지역을 보는 눈이 더 넓어질 것이다. 다음은 모바일 카카오맵에서 지적편집도를 찾는 방법이다.

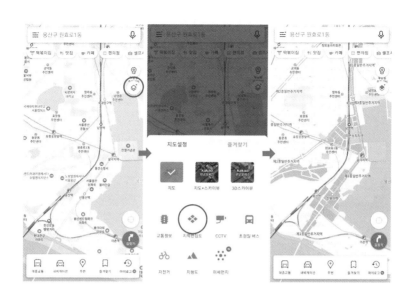

RULE 3. 부동산의 종류 : 주거용 부동산

부동산은 다음과 같이 4가지로 구분되며 종류별로 대표적인 예시만 간단히 소개하겠다. 먼저 주거용 부동산부터 차례대로 알아보자.

🏠 부동산의 종류

- ⋯ 주거용 부동산 : 단독주택, 공동주택
- ⋯ 상업용 부동산 : 근린생활시설(상가)
- ⋯ 산업용 부동산 : 공장, 물류센터

---

1 부동산의 종류가 이렇게나 다양하다고?

··· 토지 : 농지, 대지

   주거용 부동산은 주택, 즉 사람이 들어가 살 수 있게 지은 건물을
말한다. 우리가 흔히 주택, 아파트, 빌라라고 부르는 건물의 공식적
인 명칭은 무엇이고 어떻게 분류되는지 알아보자.

   주택은 크게 단독주택과 공동주택으로 나뉜다. 이것의 정의는 「건
축법」에 명시돼있다.

   먼저 단독주택부터 살펴보자. 보통 단독주택이라고 하면 푸르른 잔
디가 펼쳐진 전원주택이나 고급 주택단지가 떠오를 것이다. 그러나
이런 단독주택뿐만 아니라 고시원 등의 다중주택이나 다가구주택인
원룸 건물도 단독주택에 속한다. 구체적으로 각 분류에 대한 정의를
알아보자.

단독주택

① 단독주택

   단독주택은 1세대가 하나의 건축물 안에서 독립된 주거 생활을
할 수 있는 구조를 가진 주택이다.

② 다중주택

다중주택은 다음의 요건을 모두 갖춘 주택이다.

- 여러 사람이 장기간 거주할 수 있는 구조를 갖춘 것
- 실별로 욕실은 설치할 수 있으나 취사 시설은 설치하지 않은 것
  _{예) 고시원처럼 각 호실에 개인 욕실은 있지만 주방은 공용으로 있는 것과 같이 완벽하게 독립된 시설이 아닌 것}
- 주택으로 쓰이는 층수^{지하층 제외}가 3개 층 이하일 것
- 주택으로 쓰이는 1개 동의 바닥면적^{주차장 면적 제외} 합계가 660㎡ 이하일 것

③ 다가구주택

다가구주택은 다음의 요건을 모두 갖춘 주택으로서 공동주택에 해당하지 않는 주택이다.

- 주택으로 쓰이는 층수^{지하층 제외}가 3개 층 이하일 것
- 주택으로 쓰이는 1개 동의 바닥면적^{주차장 면적 제외} 합계가 660㎡ 이하일 것
- 19세대^{대지 내 동별 세대수를 합한 세대} 이하가 거주할 수 있을 것

④ 공관(公館)

공관은 정부의 고위 관리 등이 공적으로 쓰는 저택이다.

＊다중주택과 다가구주택의 층수에는 주차장 필로티나 1층의 근린생활시설은 제외된다.

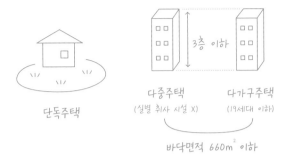

단독주택

다중주택
(실별 취사 시설 X)

다가구주택
(19세대 이하)

3층 이하

바닥면적 660m^2 이하

이 중 다중주택과 다가구주택은 언뜻 보기에는 비슷해 보인다. 하지만 가장 큰 차이는 '취사까지 가능한 독립된 구조를 갖추었느냐'다. 대표적인 예로 다중주택에는 고시원, 다가구주택에는 원룸 건물이 있다. 다중주택인 고시원은 보통 각 방에 욕실과 침대, 책상만 있고 취사 시설은 별도로 마련해 공용으로 사용한다. 반면 다가구주택인 원룸 건물은 고시원과 달리 각 방에 취사 시설인 주방이 있다. 이는 원룸이 완벽하게 독립된 시설을 갖추었다는 것을 의미한다. 이런 특징을 갖춘 건물이 바로 다중주택과 다가구주택이고 모두 단독주택 범주 안에 있다.

다음으로 공동주택의 각 분류에 대한 정의를 알아보자.

공동주택

① 아파트

아파트는 주택으로 쓰이는 층수^{지하층 제외}가 5개 층 이상인 주택이다.

② 연립주택

연립주택은 다음의 요건을 모두 갖춘 주택이다.

- 주택으로 쓰이는 층수_{지하층 제외}가 4개 층 이하일 것

- 주택으로 쓰이는 1개 동의 바닥면적_{2개 이상의 동을 지하 주차장으로 연결하는 경우에는 각각의 동으로 봄} 합계가 660㎡ 초과일 것

③ 다세대주택

다세대주택은 다음의 요건을 모두 갖춘 주택이다.

- 주택으로 쓰이는 층수_{지하층 제외}가 4개 층 이하일 것

- 주택으로 쓰이는 1개 동의 바닥면적_{2개 이상의 동을 지하 주차장으로 연결하는 경우에는 각각의 동으로 봄} 합계가 660㎡ 이하일 것

④ 기숙사

기숙사는 학교 또는 공장 등의 학생 또는 종업원 등을 위해 쓰는 것으로서 1개 동의 공동 취사 시설 이용 세대수가 전체의 50% 이상인 주택이다.

* 연립주택과 다세대주택의 층수에는 주차장 필로티나 1층의 근린생활시설은 제외된다.

여기서 가장 눈에 띄는 기준은 아파트는 5층 이상, 연립주택과 다세대주택은 4층 이하라는 것이다. 연립주택은 옛날의 맨션, 다세대주택은 흔히 빌라라고 불리는 건물의 「건축법」상 정식 명칭이라고 보면 된다. 또한 바닥면적이 660㎡_{약 200평}를 초과하면 연립주택, 이하

이면 다세대주택이라 정의한다.

내가 살고 있는 원룸/빌라는 5층 건물인데, 불법건축물일까?

앞의 설명에 따르면 다가구주택(원룸 건물)은 3층 이하, 다세대주택(빌라)은 4층 이하의 건축물이어야 하는데, 내가 살고 있는 건물이 5층까지 있다면? 어떻게 5층까지 건축할 수 있었을까? 그 이유는 지하는 층수에 포함되지 않기 때문이다. 반지하이지만 형식상 1○○호로 칭하는 빌라라면 실제로 4층인데도 5○○호라는 팻말이 붙어있을 수 있다. 또 다른 이유는 건축물대장을 보면 보통 1층 호실은 근린생활시설, 쉽게 말해 상가로 돼있는 곳들이 대부분인데 층수에서 근린생활시설은 제외된다. 정리하면, 호실의 팻말은 편의상 정하는 것이고 지하층과 근린생활시설은 층수에서 제외되기 때문에 5개 층이 있는 원룸/빌라 건물이 만들어질 수 있다.

RULE 4. 부동산의 종류 : 주거용 부동산 외

63쪽에서 분류한 부동산의 종류 중 주거용 부동산을 제외한 나머지 상업용, 산업용, 그리고 토지에 대해 알아보자. 우리가 흔히 거래하는 부동산은 아파트, 빌라, 원룸 등의 주거용 부동산이기 때문에 주거용 외 부동산은 생소할 수 있다. 하지만 이론적인 분류일 뿐이지 결국 '주거용이냐, 상가냐, 공장이냐, 땅이냐'의 분류다.

상업용 부동산

상업용 부동산은 학원, 병원, 음식점 등이 있는 아파트 상가가 대표적이다. 정식 명칭은 근린생활시설이고 줄여서 '근생'이라고 부르기도 한다. 상가는 사람들이 많이 지나다니는 곳에 위치할수록 임대료가 비싸다. 같은 미용실이라도 4층보다 1층에 있는 미용실이 접근성도 좋고 장사도 잘될 것이므로 임대료가 비쌀 수밖에 없다. 또한 상가는 주택과 다르게 권리금이라는 개념이 존재한다. 권리금은 상가의 자릿값이다. 상가 임차인이라면 임대차계약을 할 때 권리금도 함께 고려해야 한다.

권리금이란?

권리금은 쉽게 말해 상가에 새로 들어올 임차인이 기존에 있던 임차인에게 주는 자릿값이다. 상가 안에 있는 기존 시설이 값어치가 있거나, 기존 임차인이 운영하던 가게가 유명해서 상가의 위치 자체가 이점이 있는 경우 등 새 임차인에게 득이 되는 여러 요소를 판단해 자릿값을 매긴다. 예를 들어 기존 임차인이 한식당을 운영했던 상가가 있다고 가정해보자. 여기에 들어올 새 임차인도 한식당을 운영할 계획이라면 기존 임차인이 사용하던 주방 기기는 상가의 가치를 상승시키게 된다. 이때는 기존 임차인이 새 임차인에게 권리금을 받을 수 있다. 권리금은 임차인 사이에 주고받는 돈이다. 임차인과 임대인 사이에 주고받는 돈은 아니다.

오피스텔은 주거용 부동산일까, 상업용 부동산일까?

'당연히 주거용이지'라고 생각했다면 틀렸다. 오피스텔은 상업용과 주거용 둘 다 가능한 부동산이다. '오피스(office)'와 '호텔(hotel)'의 합성어로, 업무와 주거가 모두 가능하다. 오피스텔은 취득할 때, 보유할 때, 양도할 때 모두 용도를 명확히 해야 한다. 용도에 따라 세금이 천차만별로 달라지기 때문이다. 오피스텔을 취득할 때는 대부분 상업용 부동산을 기준으로 세금을 납부하는 반면, 보유할 때는 상업용과 주거용 모두 기준이 될 수 있다. 일반적으로 오피스텔 보유하고 있을 때는 상업용으로 세금을 납부하지만 소유자가 상업용에서 주거용으로 '용도변경' 신고를 하거나 소유자가 주택임대사업자로 등록하면 주거용으로 세금을 납부한다. 그리고 오피스텔을 양도할 때는 실제 용도에 따라 세금 납부 기준이 달라진다. 상업용으로 사용하고 있다면 주택 수에 포함되지 않고 세금도 상업용으로 납부하지만, 주거용으로 사용하고 있다면 주택 수에 포함되고 세금도 주거용으로 납부한다. 이처럼 오피스텔의 종류를 하나로 확정하기 어려운 이유는 적용되는 법이 다르기 때문이다.

산업용 부동산 / 토지

산업용 부동산은 공장이나 지식산업센터, 물류센터와 같이 산업을 주된 목적으로 하는 부동산이다. 토지는 용어 그대로 건축물이 없거나 건축물을 제외한 땅을 의미한다.

부동산의 STORY : 등기부

등기부란?

사람은 태어나면 출생신고를 한다. 마찬가지로 부동산도 처음 지어지면 부동산의 출생신고인 보존등기를 한다. 또한 사람은 살아가면서 어떤 학교를 졸업했는지, 어떤 회사에 다녔는지 학교생활기록부와 국민건강보험 취득 내역에 기록된다. 이처럼 부동산도 부동산의 일생을 기록한 문서가 있는데, 이것이 바로 등기부^{등기부등본의 원본}다. 등기부에는 부동산의 탄생인 보존등기부터 매매, 임대, 담보대출, 소송 내용, 그리고 부동산의 죽음인 멸실등기까지 모든 내용이 담겨 있다. 등기부는 주민센터나 '대법원 인터넷등기소^{www.iros.go.kr}' 사이트에서 유료로 누구나 열람이 가능하다.

특정 부동산의 등기부에는 담보대출이나 소송 등의 내용을 포함하고 있어 등기부를 볼 줄 모르고 주택을 매매하거나 빌려서 사용하면 무시무시한 손해가 발생할 수도 있다. 물론 대부분은 공인중개사의 도움을 받아 매매계약이나 임대차계약을 하기 때문에 리스크가 있을 수 있는 부분에 대해서는 예방이 가능하다. 하지만 부동산은 큰돈이 오가는 거래이기 때문에 만일의 사태에 대비해 본인도 그 부동산의 STORY를 알고 있는 게 안전하다. 또한 부동산 거래를 할 때 공인중개사에게 본인이 등기부를 볼 줄 안다는 사실을 인지시켜주는 것이 좋다. 그러면 계약 사항에 대해 공인중개사가 좀 더 꼼꼼하고 정확하게 확인해줄 뿐만 아니라 혹시 모를 사기도 방지할 수 있다.

[등기부의 종류]

우리나라에서는 건물과 토지를 별도의 부동산으로 본다. 때문에 건물등기부와 토지등기부가 별도로 존재하며 건물등기부는 다시 일반건물등기부와 집합건물등기부로 나눠진다. 일반건물은 단독주택, 다중주택, 다가구주택 등을 말하며 토지와 건물 전체의 소유자가 1명이다. 반면 집합건물은 아파트나 오피스텔, 다세대주택에 속하는 빌라 등을 말하며 호실마다 소유자가 다른 건물이다. 1천 세대가 거주하는 아파트는 소유자도 1천 명이 된다. 그런데 집합건물의 문제는 호실은 여러 개인데, 토지가 하나라는 것이다. 일반건물의 경우에는 하나의 토지 위에 건물이 세워지고 그 토지와 건물 전체의 소유자가 1명이기 때문에 부동산을 거래하거나 관리함에 있어 큰 문제가 발생하지 않는다. 하지만 집합건물의 경우에는 하나의 토지 위에 건물이 세워지고 각 호실의 소유자가 모두 다르기 때문에 부동산을 거래하거나 관리함에 있어 문제가 발생할 수 있다. 예를 들어 누군가가 아파트 101호를 구입하려는데, 건물과 토지 소유자가 다르다면 두 소유자 사이에 여러 분쟁이 발생할 수 있다. 이런 분쟁을 없애고자 대지권이라는 개념을 도입했다. 대지권은 1+1이라고 생각하면 된다. 건물을 구입하면 토지가 따라오는 장치로써 2가지 상품을 하나로 묶어주는 테이프 역할을 한다. 대지권이 있어야 아파트 101호를 구입하면 101호에 대한 토지도 함께 따라온다. 이 덕분에 건물과 토지의 소유자가 달라서 발생하는 골치 아픈 일들이 없어지게 됐다.

대지권이란?

구분 소유자가 전유부분®을 소유하기 위해 한 동의 건물이 소재하는 대지에 대해 가지는 권리다. 쉽게 말해 해당 동의 아파트 전체 토지에 대해 각 호실 소유자가 가지고 있는 권리다. 아파트나 빌라 같은 집합건물에서는 대지권을 건물과 분리해서 거래하는 것을 금지하고 있다.

○ 전유부분은 건물의 계단과 엘리베이터 같은 공용부분 외에 소유자가 실제 독립적으로 사용하는 공간을 말한다.

등기부의 구성

등기부는 크게 표제부, 갑구, 을구, 3가지로 구성돼있다.

표제부	해당 부동산의 전반적인 정보 표시
갑구	소유권에 관련된 권리 표시
을구	소유권 외에 관련된 권리 표시

표제부

부동산 등기부의 표제부는 사람에 비유하면 신분증이라고 볼 수 있다. 신분증에 이름, 생년월일, 주소 등이 적혀 있는 것처럼 등기부의 표제부에는 부동산의 접수 날짜, 소재지, 지목, 면적, 등기 원인 등의 기본 정보가 기록돼있다.

"아파트나 빌라를 계약할 때 등기부를 보니
표제부가 2개로 나눠져 있던데요?"

아파트나 빌라의 매매계약 또는 임대차계약을 해본 경험이 있다면 이런 의문이 생길 것이다. 예를 들어 아파트나 빌라의 경우 상세 주소가 101동 102호와 같이 동호수로 나눠진다. 등기부의 표제부는 건물의 신분증으로, 101동이 어떤 건물인지와 102호가 어떤 호실인지를 모두 설명해줘야 한다. 따라서 표제부는 101동 건물 전체와 102호 전유부분으로 나눠져 있다.

[집합건물 한 동의 표제부(위)와 전유부분의 표제부(아래) 예시]

부동산 매매계약이나 임대차계약을 할 때 표제부에서 확인해야할 사항은 무엇일까? 계약하려는 부동산의 계약서상 주소와 표제부에 나타난 부동산의 주소가 일치하는지 확인해야 한다. 특히 원룸

계약 시 주소가 다른 경우가 빈번하다. 예를 들어 계약하기로 한 방은 501호인데 불법으로 옥탑방을 증축해 501-1호로 만들었을 수도 있고, 임대인이 임대료를 더 받기 위해 본래 하나였던 방을 2개로 쪼갰을 수도 있다. 따라서 계약서에 서명하기 전 한 번 더 등기부의 표제부를 확인하는 것이 좋다.

갑구

⊙ 대표적인 가등기인 '소유권이전청구권 가등기'는 '이 부동산은 내가 사려고 찜해놨어'라는 표시다. 매도자가 부동산을 다른 사람에게 팔아버려도 기존에 계약한 매수자가 본등기를 함으로써 소유권을 다시 가져올 수 있다.

갑구에는 부동산의 소유권 및 소유권과 관련된 권리에 대해 기록돼있다. 부동산의 소유자가 어떻게, 어떤 이유로 변경됐는지 알 수 있으며 해당 부동산이 압류 또는 경매를 당하거나 제3자의 가등기⊙ 여부 등도 갑구에서 알 수 있다.

[등기부의 갑구 예시]

【 갑 구 】 (소유권에 관한 사항)				
순위번호	등 기 목 적	접 수	등 기 원 인	권리자 및 기타사항
1	소유권보존	2017년 11월 24일 제254662호		소유자 최◯◯ ◯◯◯◯-◯◯◯◯◯◯◯ 서울특별시 영등포구 영중로 ◯◯◯
1-1	1번등기명의인표시 경정	2018년 2월 8일 제25372호	2017년 11월 24일 신청착오	최◯◯의 주소 서울특별시 영등포구 영중로
2	소유권이전	2018년 5월 14일 제93173호	2017년 10월 15일 매매	소유자 이◯◯ ◯◯◯◯◯-◯◯◯◯◯◯◯ 서울특별시 강남구 테헤란로

그렇다면 매매든 임대차든 실제 부동산 계약 시 갑구에서 확인해

야 할 사항은 무엇일까? 해당 부동산의 최종 소유자와 계약하는 상대방이 일치하는지 확인해야 하며 추가로 압류, 가압류, 경매 개시 등 소유권에 문제가 될 수 있는 권리들이 있는지 확인해야 한다.

을구

을구에는 부동산의 소유권을 제외한 기타 모든 권리에 대해 기록돼있다. 특히 근저당에 대한 내용은 유심히 살펴봐야 한다. 소유자가 해당 부동산을 담보로 얼마다 대출을 받았는지 알 수 있는 단서이기 때문이다. 임차인으로서 아파트 전세 계약을 하려고 할 때 계약하려는 부동산이 대출을 많이 받은 아파트인지 확인하지 않으면 흔히 말하는 깡통전세[142쪽 참조]를 당할 가능성이 있다. 따라서 매매든 임대차든 실제 부동산 계약 시 을구에서는 해당 부동산의 전체 담보대출이 얼마나 있는지 확인해야 한다.

[등기부의 을구 예시]

【 을 구 】 (소유권 이외의 권리에 관한 사항)				
순위번호	등 기 목 적	접 수	등 기 원 인	권리자 및 기타사항
9	근저당권설정	2015년 1월 23일 제5700호	2015년 1월 23일 설정계약	채권최고액 금516,000,000원 채무자 강●● 　서울특별시 도봉구 도봉로 ●●● ●● ●●●● 근저당권자 ●●축산업협동조합 　경기도 의정부시 ●●● ●● ●●●●●
10	근저당권설정	2016년 2월 23일 제10241호	2016년 2월 23일 설정계약	채권최고액 금165,600,000원 채무자 강●● 　서울특별시 도봉구 도봉로 ●●● ●● ●●● 근저당권자 ●●축산업협동조합 　경기도 의정부시 ●●● ●● ●●●●●

등기부 외에도 부동산을 계약할 때 추가로 확인해야 하는 서류에는 어떤 것들이 있을까? 매매든 임대차든 건물에 대한 부동산 계약을 한다면 건축물대장을 확인해야 한다.

건축물대장

건축물대장은 사람에 비유하면 운전면허증과 유사하다. 운전면허증은 1종, 2종, 대형 중 무엇이냐에 따라 운전할 수 있는 차량이 달라진다. 이처럼 부동산도 건축물대장에 나타난 건축물의 용도가 근린생활시설, 단독주택, 공동주택 중 무엇이냐에 따라 건물의 사용 목적이 달라진다. 예를 들어 건축물대장에는 상업용 건물인 근린생활시설로 기재돼있는데, 임대차계약을 한 주거 임차인이 들어온다면? 정해진 용도에 맞지 않다. 즉, 2종 면허를 가진 사람이 1종 차량을 운전하는 것과 마찬가지다. 이런 상황에 발생할 수 있는 피해를 최소화하기 위해 건축물대장에서 확인해야 할 사항은 무엇인지 알아보자. 또한 건축물대장도 등기부와 마찬가지로 아파트나 빌라같이 101동 102호로 나타나는 집합건물에 대해서는 101동 건물 전체와 102호 전유부분에 대한 건축물대장으로 나눠져 있으니 모두 확인해봐야 한다. 건축물대장은 주민센터나 '정부24www.gov.kr' 사이트에서 무료로 누구나 열람이 가능하다.

건축물대장에서 무엇을 확인해야 할까?

① 건축물이 정해진 용도로 사용되고 있는가

빌라 같은 다세대주택이나 원룸 건물 같은 다가구주택의 경우 층마다 용도가 다를 수 있다. 보통 빌라의 1, 2층 세대 중 한두 호실은 건축물대장상 근린생활시설로 돼있는 경우가 있다. 근린생활시설이지만 실제 상가의 용도가 아닌 주택으로 사용되고 있다면 위반건축물에 해당하기 때문에 부동산 소유자에게 이행강제금이라는 과태료가 부과될 수 있다. 또한 건축물이 정해진 용도로 사용되고 있지 않다면 소유자는 주택담보대출을, 임차인은 전세자금대출을 받기가 어려울 수 있다. 따라서 임차인은 이런 건물에 임대차계약을 할 경우 보증금을 대출 없이 모두 자기 돈으로 내야 할 수도 있다. 그렇기 때문에 근린생활시설을 주택으로 사용하는 경우 임대료가 시세보다 비교적 낮은 가격으로 형성되는 경향이 있다. 또한 위반건축물에 임대차계약을 할 경우 임차인은 전세보증보험도 가입할 수 없다. 만약을 대비해 보증보험 가입을 원한다면 위반건축물은 계약하지 않는 것이 좋다. 건축물대장 상단에 위반건축물이라고 기재돼있다면 위와 같은 임차인 불이익이 있을 수 있으니 주의해야 한다.

[건축물대장 전유부의 위반건축물 기록 예시]

위반건축물이란?

부동산을 무단으로 확장 또는 용도 변경 등을 하면 위반건축물이 된다. 이때 지자체는 부동산 소유자에게 원상복구명령을 2~3회 정도 하는데, 명령에 따르지 않으면 이행강제금이라는 과태료를 부과한다. 이행강제금은 부동산 소유자가 1년에 한 번 납부한다.

② 건축물대장과 등기부에 기재된 동호수가 일치하는가

등기부에는 101호라고 기재돼있고 실제 문 앞의 팻말에도 101호라고 적혀 있어도 건축물대장에는 102호로 기재돼있을 수 있다. 만약 건축물대장상 호수와 등기부상 호수가 다른 상황에서 임대차계약을 한다면 전입신고와 확정일자—Chapter 3-1에서 자세히 설명했다.—를 모두 받아도 보증금을 지킬 수 없거나 소송이나 분쟁 등의 문제에 휘말리게 될 수도 있다. 따라서 이런 상황이 일어나지 않도록 건축물대장과 등기부는 꼭 비교해봐야 한다.

토지대장

토지대장은 토지에 대한 정보가 담겨 있는 문서다. 토지대장에는 토지의 소유권은 누구에게 있는지, 지목·지번이 어떻게 되는지 등의 정보가 기재돼있다. 다음의 토지대장 예시를 보면서 어떤 내용이 있는지 살펴보자.

[토지대장 예시]

문서확인번호 : 1678-1107-5853

토지 대장

고유번호	1144010300-10002-			도면번호	2	발급번호	202311440-00249-
토지소재	서울특별시 마포구 신공덕동			장 번 호	1-1	처리시각	22시 52분 33초
지 번		축 척	1:1200	비 고		발 급 자	인터넷민원

토 지 표 시

지 목	면 적(㎡)	사 유
(08) 대	*126*	(21) 1955년 02월 02일 2-39번에서 분할
		--- 이하 여백 ---

소 유 자

변 동 일 자 변 동 원 인	성명 또는 명칭	주 소	등 록 번 호
2020년 12월 22일 (04)주소변경	서울특별시 마포구 신공덕동		
	--- 이하 여백 ---		

등 급 수 정 년 월 일	1985. 07. 01. 수정	1986. 01. 01. 수정	1990. 01. 01. 수정	1991. 01. 01. 수정	1992. 01. 01. 수정	1993. 01. 01. 수정	1994. 01. 01. 수정	1995. 01. 01. 수정
토 지 등 급 (기준수확량등급)	193	196	205	211	216	220	224	227
개별공시지가기준일	2016년 01월 01일	2017년 01월 01일	2018년 01월 01일	2019년 01월 01일	2020년 01월 01일	2021년 01월 01일	2022년 01월 01일	용도지역 등
개별공시지가(원/㎡)	2980000	3280000	3690000	4490000	4670000	5247000	5989000	

토지대장에 의하여 작성한 등본입니다.

2023년 3월 6일

서울특별시 마포구청장인

고유 번호 / 토지 소재 / 지번 / 축척

고유 번호는 토지마다 붙이는 일련번호로, 주민등록번호라고 생각하면 된다. 토지 소재와 지번은 주소를 말하며 축척은 해당 토지의 측량 비율을 말한다.

지목

지목은 해당 토지가 어떤 용도로 쓸 수 있는 땅인지를 표시한 것이다. 토지의 지목에는 전, 답, 임야, 대지 등 총 28개의 종류가 있다.

변동 일자 / 변동 원인

해당 토지의 소유권 변동 사항에 대한 날짜와 원인이 기재돼있다. 만약 토지대장상 소유자와 등기부상 소유자가 다르다면 소유권에 관해서는 등기부가 우선이다. 참고로 대장과 등기부에 기재된 부동산의 면적이 다르다면 면적에 관해서는 대장^{건축물대장, 토지대장}이 우선이다.

개별 공시지가

국가는 토지마다 세금 산정 기준을 정하기 위해 표준지 공시지가라는 것을 정한다. 표준지 공시지가를 기준으로 개별 토지의 제곱미터당 가격을 계산한 것이 개별 공시지가다. 개별 공시지가는 양도소득세, 상속세, 종합토지세, 취득세, 등록세 등 국세와 지방세를 산정하는 기초 자료로 활용되며 원칙적으로 매년 1월 1일이 기준이다.

부동산 세금,
어디까지 알아야 할까?

세금의 구조 파악하기

세금은 국가가 나라를 운영하는 데 필요한 돈이다. 국가는 국민의 자산이나 월급의 일정 부분을 세금으로 가져가 나라의 운영비로 사용한다. 그런데 국가가 국민의 돈을 가져가는 데 명확한 이유 없이 가져간다면 갈취인 셈이다. 그래서 세금이 어떤 명목으로 쓰이는지 종류를 정해놓고 거둔다. 우리나라 세금의 종류는 다음 그림과 같으며 강조된 부분은 부동산과 관련된 주요 세금이다.

[우리나라 세금의 종류]

먼저 세금을 분류하는 기준을 알아보자. 우리나라 세금의 가장 큰 분류는 국세와 지방세다. 둘 다 나라 운영에 쓰이는 세금이지만 국세는 중앙정부의 운영을 위한 것이고, 지방세는 시·도·군의 운영을 위한 것이다. 좀 더 세부적으로 들어가면 세금의 용도에 따라 보통세와 목적세로 나뉜다. 보통세는 특정 용도에 제한되지 않는 세금이고 목적세는 특정 용도가 명확한 세금이다. 우리가 돈을 쓰는 용도에 따라 급여 통장과 생활비 통장을 나눠놓는 것과 같다. 그리고 세금의 납부 의무자와 세금의 실제 부담자가 일치하는지 여부에 따라 직접세와 간접세로 나뉜다. 직접세는 말 그대로 세금의 납부 의무자가 실제 납세자가 되는 것이고, 간접세는 이 둘이 불일치되는 세금이다. 예를 들어 직접세 중 소득세는 본인의 소득에 따라 일정 세율만큼의 돈을 국가에 내는 세금이다. 본인 소득에 대한 세금이니 당사자가 내는 것이 당연하다. 반면 간접세는 납세 의무자와 실제 납세자가 다르다. 무슨 말일까? 초밥집 메뉴판을 생각해보자. 메뉴판에는 한 접시에 2천 원이라고 적혀 있지만 정작 계산할 때는 한 접시에 2천 200원을 지불한다. 메뉴판 아래에 작은 글자로 적혀 있는 'VAT 별도'라는 것 때문이다. 간접세에 속하는 부가가치세VAT(Value Added Tax)는 본래 초밥집 사장님이 납세 의무자이지만 이것을 초밥 가격에 포함시켜 소비자가 대신 내는 것이다.

국세와 지방세, 보통세와 목적세, 직접세와 간접세로 세금의 분류 기준을 정리하면 다음과 같다.

국세	중앙정부의 운영에 필요한 세금
지방세	지방정부(시·도·군)의 운영에 필요한 세금
보통세	특정 용도에 제한되지 않는 세금
목적세	특정한 용도가 정해져 있는 세금
직접세	납세 의무자 = 실제 납세자
간접세	납세 의무자 ≠ 실제 납세자

우리나라 세금의 종류 중 부동산 관련 주요 세금에 대해 간략히 정리해봤다. 이 중 부동산과 관련된 몇 가지 세금에 대해서는 다음 소단원에서 자세히 설명했으니 여기서는 간단히 읽어보고 넘어가자.

[부동산 관련 주요 세금]

국세	
▶ 직접세	
소득세	소득에 대한 세금
법인세	주식회사와 같은 법인의 소득에 대한 세금
종합부동산세	일정 기준을 초과하는 토지·주택 소유자에게 부과하는 세금
상속세	돌아가신 분의 재산을 물려받았을 때 내는 세금
증여세	부모·친척 등에게 거액의 선물을 받았을 때 내는 세금
▶ 목적세	
농어촌특별세	농어촌 산업기반시설 확보를 위한 세금
지방세	
▶ 보통세	
취득세	자산을 취득할 때 내는 세금

▶ 목적세	
지방교육세	지방 교육에 필요한 재원을 확보하기 위한 세금
지역자원시설세	지역 자원 관리와 개선에 필요한 재원을 확보하기 위한 세금
▶ 시·군세	
재산세	일정한 재산에 대한 세금

큰 단위 숫자 한눈에 읽기

1,234,560,000

위 숫자를 3초 안에 읽지 못했다면 이 글을 꼭 읽어보자. 평소 십만에서 백만 단위의 돈만 계산해봤던 내가 부동산 거래를 하면서 천만에서 억 단위까지의 돈 거래를 하게 됐다. 부동산 거래 시 초보자가 가장 처음 직면하는 문제가 바로 숫자 읽기다. 늘어난 0의 개수 때문에 일의 자리부터 일십백천만을 세었던 적이 있는가? 나 역시 억 단위 숫자를 읽을 때 맞게 읽은 것인지 거듭 확인하곤 했다. 그래서 한눈에 큰 단위 숫자 읽는 법을 알려주겠다. 다음에 나오는 세금 관련 소단원에서는 천만에서 억 단위 숫자가 계속 나오니 이 방법을 이용하면 읽는 데 도움이 될 것이다.

┌ 3세트 ┐　　　┌ 2세트 ┐　　　┌ 1세트 ┐

1 , 2　3　4 , 5　6　0 , 0　0　0

십억 | (일)억 천만 백만 | 십만 (일)만

12억　3천　4백　　5십　6만

숫자는 3개씩 쉼표로 구분한다. 한눈에 숫자를 읽는 핵심은 보이는 대로 3개씩 읽는 것이다. 위 설명에서 보듯이 일의 자리부터 숫자를 3개씩 한 세트로 묶고 각 세트의 첫 번째 자리만 기억하면 숫자 읽기가 쉬워진다. '3세트의 첫 자리는 (일)억', '2세트의 첫 자리는 십만'이라고 기억하면 된다. 이것을 기준으로 맨 처음 봤던 숫자를 앞에서부터 읽어가면 12억 3천 4백 5십 6만이다.

부동산 세금의 3단계 : 취득-보유-양도

"부동산은 사는 것도, 갖고 있는 것도, 파는 것도 다 돈이구나."
"세금 체계는 정말 수시로 달라지네. 공부하는 게 의미가 있나?"

부동산 관련 세금은 부동산을 살 때^{취득}, 가지고 있을 때^{보유}, 팔 때^{양도}, 각 단계에서 발생한다.

부동산을 살 때 (취득)	부동산을 가지고 있을 때 (보유)	부동산을 팔 때 (양도)
취득세	재산세/ 종합부동산세(종부세)	양도소득세(양도세)

🦷 부동산 세금의 3가지 POINT

부동산 관련 세금을 계산할 때 가장 중요한 것은 과세표준, 세율, 중과/감면 사항이다. 세금 계산의 큰 틀은 과세표준에 세율을 곱하는 방식이고 여기에 중과나 감면 혜택을 적용한다.

… 과세표준 : 세금을 부과하는 기준이 되는 금액

… 세율 : 세금을 계산하기 위해 과세표준에 곱하는 비율

… 중과/감면 : 중과(세금 부담을 늘림)나 감면(세금 부담을 덜어줌)을 통해 금액을 조정함

  부동산 정책은 하루가 다르게 바뀐다. 그럼 지금 공부하는 건 의미가 없을까? 전혀 아니다. 정책 개정을 통해 바뀌는 것은 과세표준, 세율, 중과/감면, 3가지 POINT다. 따라서 세금의 전체적인 뼈대를 알고 있으면 실제 부동산 매매나 투자 시 당시의 3가지 POINT만 추가로 확인하면 된다. '국세청ⁿᵉˣⁿ.www.nts.go.kr'과 '국제법령정보시스템ᵗˣˢⁱ· hometax.go.kr' 사이트에서 부동산 세금과 관련된 최신 개정 사항을 공지하고 있으니 부동산 매매 계획이 있다면 책에서 알려주는 내용 외에 매매 당시를 기준으로 꼭 확인해야 한다.

  살면서 부동산에 관심을 갖게 되는 경우는 크게 3가지다. 처음 내집을 마련할 때, 결혼으로 새 가정을 꾸릴 때, 은퇴를 앞두고 노후를 대비할 때다. 이때는 부동산과 더불어 관련 세금에 대해서도 관심을 가져야 한다. 세금을 모르고 부동산을 사고팔면 손해를 볼 수도 있기 때문이다. 이번 소단원에서는 취득세, 보유세ᵃ산세와 종합부동산세, 양도소득세를 3가지 POINT에 맞춰서 상황별로 똑똑하게 활용하는 방

법을 알아보겠다. 또한 마트에서 판매하는 행사 상품 중에는 본 제품에 따라오는 서비스 제품이 있는 것처럼 각 세금에 꼭 따라오는 서비스 세금도 함께 알아보자.

상황 1 : 처음 내 집을 마련하는 김 대리

처음 내 집을 마련할 때는 모든 것이 새롭고 어렵다. 부동산 중개 사무소의 문을 열고 들어가는 것도 어렵고 세금은 특히 더 어렵다. 하지만 부동산을 구입하기로 했다면 내야 할 세금도 신경 써야 한다. 세금에 대해 모른 채 부동산 구입 계획을 세운다면 몇 개월 차이로 필요 이상의 세금을 납부해야 할 수도 있기 때문이다. 부동산과 관련해 꼭 알아야 하는 세금은 취득세, 보유세, 양도소득세다. 기본적으로 얼마를 납부해야 하는지 알아야 하고 각 단계에서 어떤 중과 또는 감면 혜택이 있는지 알아두면 좋다. 처음 주택을 구입하는 김 대리의 사례를 통해 살펴보자.

① 부동산을 살 때 : 취득세

부동산 세금은 부동산을 사는 순간부터 발생한다. 이것을 취득세라고 한다. 만약 자신의 집을 처음 마련하는 김 대리가 서울시 마포구에 있는 400,000,000원짜리 빌라를 구입한다면 취득 과정에서 납부해야 하는 세금은 총 2,400,000원이다. 이 금액은 어떻게 나왔을까? 취득세를 구하는 공식에 대입해보면 된다.

```
                      취득가액
                         ↑
          과세표준 × 세율 = 산출 세액
                         ↓
   산출 세액 + 지방교육세 (+ 농어촌특별세) ⇒ 최종 납부 취득세
```

　세금을 계산하기 위해 가장 먼저 알아야 하는 2가지가 있다. 첫 번째는 세금을 매기는 기준 금액인 과세표준이고, 두 번째는 이 과세표준에 곱하는 세율이다. 김 대리가 400,000,000원에 빌라를 구입했다면 취득세의 과세표준은 400,000,000원이 되고, 만약 600,000,000원에 구입했다면 취득세의 과세표준은 600,000,000원이 된다. 주택 취득세를 계산할 때는 구입한 금액, 즉 취득가액이 과세표준이 된다.

[주택 수와 취득가액에 따른 취득세 세율]

주택 수	취득가액	세율
무주택자 또는 1주택자	6억 원 이하	1%
	6억 원 초과 ~ 9억 원 이하	{(취득가액 × 2/3억 원) − 3} × 1/100
	9억 원 초과	3%

(2023년 4월 기준)

　과세표준을 구했다면 남은 것은 세율이다. 위 표에 따르면 무주택자인 김 대리가 구입한 빌라는 취득가액이 600,000,000원 이하이므로 1%의 취득세 세율을 적용하면 취득세는 4,000,000원이 된다.

그런데 여기서 끝이 아니다. 서비스 세금 2가지를 더해줘야 최종적으로 납부하는 취득세가 된다. 서비스 세금 2가지는 취득세를 항상 따라오는 지방교육세와 조건에 따라 달라지는 농어촌특별세다.

[취득세 세율에 따른 지방교육세 세율]

취득세 세율		세율
표준세율	1~3%	0.1~0.3%
중과세율	8%	0.4%
중과세율	12%	0.4%

(2023년 4월 기준)

먼저 지방교육세부터 알아보자. 위 표에 따르면 김 대리는 취득세 세율이 1%이므로 여기에 지방교육세 세율 0.1%가 추가된다.

[취득세 세율에 따른 농어촌특별세 세율]

취득세 세율		세율
표준세율	1~3%	0.2%
중과세율	8%	0.6%
중과세율	12%	1%

(2023년 4월 기준)

다음으로 농어촌특별세는 줄여서 '농특세'라고 부르기도 하는데, 전용면적 85㎡를 초과하는 주택을 구입하는 경우 추가되는 세금이다. 만약 김 대리가 400,000,000원에 구입한 빌라의 전용면적이 85㎡를 초과한다면 위 표에 따라 농어촌특별세 세율 0.2%가 추가

된다. 하지만 김 대리가 구입한 빌라는 전용면적이 85㎡를 초과하지 않으므로 농어촌특별세는 부과되지 않았다. 정리하면, 김 대리가 빌라를 취득할 때는 과세표준 400,000,000원에 취득세 세율 1%와 지방교육세 세율 0.1%를 합해 총 1.1%를 곱하면 납부해야 하는 취득세는 4,400,000원이 된다. 그런데 국가에서 2022년 6월 21일 이후 생애 최초로 주택을 취득하는 사람에게 2,000,000원의 취득세 감면 혜택을 주고 있다. 따라서 김 대리는 2,000,000원을 감면받아 최종적으로 납부해야 하는 취득세는 총 2,400,000원이 된다.

♀ 취득세 감면 혜택의 적용 대상이 되기 위해서는 충족해야 하는 여러 세부 조건이 있으며, 일시적으로 시행되는 정책이므로 자세한 사항은 관할 시·군·구청에 문의하길 바란다

취득세의 납부 기한은?

취득세는 부동산 등을 취득한 날로부터 60일 이내 해당 부동산 소재지의 관할 지자체에 신고납부해야 한다. 신고납부 시기는 '취득한 날'을 기준으로 하기 때문에 취득 시기를 언제로 보는지가 중요하다. 매매와 같이 돈을 지불하고 소유하게 되는 유상취득의 경우 매매계약서상 잔금 지급일을 취득 시기로 본다. 부동산을 매매할 때는 큰 금액의 돈을 한꺼번에 내는 것이 아니라 계약금-중도금-잔금 순의 단계별로 지불한다. 따라서 최종적으로 잔금을 지급하기로 한 계약서상 날짜를 취득일로 보는 것이다.

② 부동산을 가지고 있을 때 : 재산세

이제 막 대학에 입학한 신입생에게 슈퍼카를 준다면 어떻게 될까?

기쁜 마음은 잠시, 수입이 없는 대학생에게는 유류비와 유지비, 세금 등을 감당할 여력이 없을 것이다. 슈퍼카를 가지고 있기만 해도 비용이 발생하기 때문이다. 부동산도 마찬가지다. 가지고 있기만 해도 세금이 발생한다. 이것을 재산세라고 한다. 김 대리는 마포구에 있는 빌라를 400,000,000원에 구입한 뒤 첫 재산세 고지서를 받았다. 고지서에 따르면 재산세는 총 319,680원이었다. 이 금액이 어떻게 나왔는지 알아보자.

주택 공시가격 × 공정시장가액비율
↑
과세표준 × 세율 = 산출 세액
↓
산출 세액 + 지방교육세 (+ 도시지역분) (- 세부담상한 초과세액)
⇒ 최종 납부 재산세

재산세도 취득세와 마찬가지로 큰 틀에서는 과세표준에 세율을 곱해서 산출한다. 다만 재산세는 부동산을 구입한 금액이 과세표준이 아니다. 사람마다 구입한 금액이 다르기 때문에 표준으로 사용할 수 없기 때문이다. 주택 재산세의 과세표준을 계산할 때는 국가에서 세금을 매기기 위해 만든 부동산 가격표인 공시가격을 기준으로 한다. 주택 공시가격은 국토교통부의 부동산공시가격알리미 사이트에서 확인할 수 있다. 김 대리가 소유한 빌라는 공동주택에 해당하기 때문에 공동주택 공시가격을 재산세의 과세표준을 계산하는 데 사용한다. 김 대리가 소유한 빌라의 공동주택 공시가격은 304,000,000원이다. 그리고 여기에 공정시장가액비율을 곱하면 재산세의 과세표준이 된다. 공정시장가액비율이란 일종의 재산세 조정 장치다. 국가는 부동산 시장의 활성화가 필요하면 공정시장가액비율을 낮춰 재산세를 낮추고, 부동산 시장의 안정화가 필요하면 공정시장가액비율을 높여 재산세를 높인다. 2022년 6월 개정된 내용에 따르면 주택의 공정시장가액비율은 60%다. 다만 1세대 1주택자는 45%다. 김 대리는 1세대 1주택자이므로 공동주택 공시가격 304,000,000원에 공정시장가액비율 45%를 곱하면 과세표준은 136,800,000원이 된다.

[주택 과세표준에 따른 재산세 세율과 감면 혜택]

과세표준	세율	
	일반	9억 원 이하 1세대 1주택 특례
6천만 원 이하	0.1%	0.05%
1억 5천만 원 이하	6만 원 + 6천만 원 초과 금액의 0.15%	**3만 원 + 6천만 원 초과 금액의 0.1%**
3억 원 이하	19만 5천 원 + 1억 5천만 원 초과 금액의 0.25%	12만 원 + 1억 5천만 원 초과 금액의 0.2%
3억 원 초과	57만 원 + 3억 원 초과 금액의 0.4%	42만 원 + 3억 원 초과 금액의 0.35%

(2023년 4월 기준)

이제 세율을 알아볼 차례다. 위 표에 따르면 김 대리가 소유한 빌라의 과세표준은 150,000,000원 이하이므로 적용 세율은 '6만 원 +6천만 원 초과 금액의 0.15%'다. 그런데 국가에서는 1세대 1주택자에게 재산세 감면 혜택을 주고 있다. 공시지가 900,000,000원 이하 주택을 하나만 소유하고 있으면 세금 감면 혜택을 받을 수 있는 것이다. 따라서 김 대리의 경우 '3만 원+6천만 원 초과 금액의 0.1%' 세율을 적용하면 재산세 산출 세액은 106,800원이 된다. 그리고 재산세도 취득세와 마찬가지로 따라오는 서비스 세금 2가지가 있다. 지방교육세와 재산세 도시지역분[◎]이다. 먼저 재산세에 추가되는 지방교육세는 산출 세액의 20%이므로 계산하면 21,360원이 된다. 다음으로

◎ 도시지역분은 도시지역 중 '도시계획구역'에 부과되는 세금이다. '토지e음' 사이트에서 주소를 입력하고 '토지이용계획원'을 열어보면 해당 주소지의 도시계획구역 여부를 알 수 있다.

도시지역분은 도시지역에 있는 부동산에 부과되는 세금으로, 도로·상하수도·공원 유지 등 도시를 운영하는 데 사용된다. 도시지역분은 재산세와 동일한 과세표준을 사용하지만 세율은 0.14%로 고정돼있다. 따라서 김 대리의 재산세 과세표준에 도시지역분 세율을 곱하면 191,520원이 된다. 정리하면, 김 대리가 빌라를 보유하고 있을 때 최종적으로 납부해야 하는 재산세는 총 319,680원^{106,800원+21,360원+191,520원}이다.

③ 부동산을 팔 때 : 양도소득세

급여 수익이든, 사업 수익이든, 기타 수익이든, 수익이 있는 모든 곳에는 세금이 발생한다. 심지어 복권에 당첨돼도, 돈을 주워도 세금을 내야 한다. 부동산도 마찬가지다. 부동산을 팔아 수익이 발생했다면 세금을 납부해야 한다. 김 대리는 400,000,000원에 구입한 빌라를 2년 뒤 팔기 위해 중개사무소에 내놓았다. 그런데 빌라의 가격이 올라

500,000,000원에 거래됐다. 빌라 매매를 통해 100,000,000원의 수익을 얻은 김 대리는 얼마의 세금을 납부해야 할까? 결론부터 말하면, 김 대리는 부동산 매각 수익에 대한 세금인 양도소득세는 한 푼도 납부하지 않아도 된다. 이유는 양도소득세 비과세 혜택을 받았기 때문이다. 이 혜택을 받기 위해서는 4가지 요건을 만족해야 한다. ① 양도 당시에 ②1세대가 ③1주택만을 소유하고 ④양도하는 주택을 2년 이상 보유하는 것이다. 김 대리의 사례에 대입해보면 김 대리는 부모님으로부터 독립한 하나의 세대이고 1채의 빌라를 취득해 2년 동안 보유하고 양도했다. 따라서 4가지 요건을 모두 만족해 양도소득세 비과세 혜택을 받을 수 있는 것이다. 그런데 만약 김 대리가 빌라를 취득할 당시 마포구가 조정대상지역이었다면 양도소득세 비과세 혜택을 받기 위해서는 ⑤2년 거주 요건이 추가된다. 정리하면, 양도소득세 비과세 혜택은 주택을 취득할 당시 비조정대상지역이라면 위의 4가지 요건을, 조정대상지역이라면 위의 5가지 요건을 만족해야 한다. 또한 양도소득세 비과세 혜택은 주택을 매각한 금액이 12억 원 이하이면 전액 비과세 대상이지만 12억 원을 초과하면 초과분에 대해서만 과세된다.

이렇게 처음 내 집을 마련한 김 대리는 주택을 취득하는 과정에서는 생애 최초 주택 취득에 대한 취득세 감면 혜택을 받아 2,000,000원을 아낄 수 있었다. 또한 보유하는 과정에서는 1세대 1주택자였기 때문에 재산세도 감면 혜택을 받았다. 마지막으로 양도하는 과정에서는 비조정대상지역인 마포구에서 2년 이상 보유한 빌라를 1세대 1주택자 상태에서 매각해 양도소득세 비과세 혜택을 받았다. 김 대리는 부동산의 취득, 보유, 양도 과정에서 모두 세제 혜택을 받은 것이다. 이처럼 세금에 대해 알면 크게 절세할 수 있다.

상황 2 : 승진 뒤 결혼을 준비하는 김 과장

김 대리는 마포구에 있는 빌라를 매각해 목돈을 마련했고 회사에서는 과장으로 승진했다. 이제 김 과장은 여자 친구와 결혼을 준비하고 있다. 그런데 고민이 하나 생겼다. 여자 친구가 서울시 서대문구에 있는 아파트 1채를 보유하고 있는 상황에 김 과장도 추가로 아파트를 구입하고 싶은 것이다. 결국 김 과장은 본인의 아파트를 장만한 뒤 결혼식을 올리고 혼인신고를 하기로 결정했다. 이때 김 과장이 새로 구입할 아파트와 여자 친구가 가지고 있는 아파트에 부과되는 세금을 가장 효율적으로 절세할 수 있는 방법에 대해 알아보자.

① 부동산을 살 때 : 취득세

김 과장과 여자 친구는 아직 법적으로는 결혼을 하지 않은 상태다. 다시 말해 가족이 아니라는 것이다. 이런 상황에서 김 과장은 서울시 종로구에 있는 750,000,000원짜리 아파트 1채 구입했고 취득 시 납부해야 하는 세금은 총 18,000,000원이 나왔다. 어떻게 나온 금액인지 계산 과정을 알아보자.

```
                          취득가액
                             ↑
              과세표준 × 세율 = 산출 세액
                             ↓
       산출 세액 + 지방교육세 (+ 농어촌특별세) ⇒ 최종 납부 취득세
```

  김 과장이 구입한 아파트의 취득가액은 750,000,000원이다. 따라서 이 아파트의 취득세 과세표준은 750,000,000원이 된다.

[주택 수와 취득가액에 따른 취득세 세율]

주택 수	취득가액	세율
무주택자 또는 1주택자	6억 원 이하	1%
	6억 원 초과 ~ 9억 원 이하	{(취득가액 × 2/3억 원) - 3} × 1/100
	9억 원 초과	3%

(2023년 4월 기준)

  과세표준에 세율을 곱하면 취득세가 된다. 위 표에 따르면 무주택자인 김 과장이 750,000,000원에 아파트를 구입했으므로 적용 세율은 '{(취득가액×2/3억 원)-3}×1/100'이다. 취득가액 750,000,000원을 대입해 계산하면 취득세 세율은 2%이므로 취득세는 15,000,000원이 된다.

[취득세 세율에 따른 지방교육세 세율]

취득세 세율		세율
표준세율	1~3%	0.1~0.3%
중과세율	8%	0.4%
중과세율	12%	0.4%

(2023년 4월 기준)

여기에 취득세를 따라오는 서비스 세금인 지방교육세 0.2%가 추가된다. 그런데 김 과장이 김 대리였던 시절에 취득세를 납부할 때와 다른 점이 있다. 그때는 지방교육세 세율이 0.1%였는데, 김 과장이 납부할 때는 0.2%인 것이다. 그 이유는 지방교육세는 취득세 세율에 따라 추가되는 세금이기 때문이다. 즉, 김 대리의 취득세는 1%였기 때문에 0.1%의 지방교육세가 추가됐고, 김 과장의 취득세는 2%이기 때문에 0.2%의 지방교육세가 추가됐다.

[취득세 세율에 따른 농어촌특별세 세율]

취득세 세율		세율
표준세율	1~3%	0.2%
중과세율	8%	0.6%
중과세율	12%	1%

(2023년 4월 기준)

마지막으로 취득세를 따라오는 서비스 세금인 농어촌특별세가 남아있다. 김 과장이 구입한 아파트의 전용면적은 85㎡를 초과하므로 농어촌특별세가 부과되며 취득세 세율이 2%이므로 위 표에 따라 농어촌특별세 세율 0.2%가 추가된다. 정리하면, 김 과장이 아파트를 취득할 때는 과세표준 750,000,000원에 취득세 세율 2%, 지방교육세 세율 0.2%, 농어촌특별세 세율 0.2%를 모두 합해 총 2.4%의 세율이 적용되므로 최종적으로 납부해야 하는 취득세는 총 18,000,000원이 된다.

취득세를 쉽게 확인할 수 있는 방법이 있을까?

직접 계산하지 않고도 취득세를 쉽게 확인할 수 있는 방법이 있다. '네이버 부동산'에 접속해서 취득세가 궁금한 아파트를 검색해 클릭하면 '매물정보'에서 취득세를 확인할 수 있다. 다만 이 정보는 참고만 하고, 본인의 상황에 따라 세율이 추가되거나 중과/감면 혜택이 적용될 수 있으므로 정확한 세액은 직접 계산해보길 추천한다.

중개보수 및 세금정보

중개보수	최대 300만원(VAT 별도) 더보기 ＞
	상한요율 0.4%
취득세	약 1,800만원
	· 취득세 1,500만원
	· 지방교육세 150만원
	· 농어촌특별세 150만원

② 부동산을 가지고 있을 때 : 재산세

김 과장은 7월에 종로구에 있는 아파트를 구입하면서 동시에 결혼식을 올리고 혼인신고를 완료했다. 그런데 공인중개사가 김 과장에게 똑똑하다며 엄지를 세워 칭찬했다. 김 과장은 공인중개사가 자신을 왜 칭찬했는지 영문도 모른 채 얼떨결에 감사하다고 인사를 하고 집으로 돌아왔다. 그리고 시간이 지나 12월이 돼서야 비로소 그 이유를 알았다. 재산세를 납부하지 않아도 되기 때문이었다. 재산세 납부에는 기준일이 있다. 이 기준일에 부동산을 보유하고 있어야 재산세 납부 대상이 되는 것이다. 재산세의 과세 기준일은 6월 1일이다. 따라서 7월에 부동산을 구입한 김 과장은 당해 연도에는 재산세 납부 대상이 되지 않는다. 이런 이유로 김 과장은 이번 연도에 납부해야 하는 재산세를 아낄 수 있었다. 그런데 만약 김 과장이 이번 연도에 재산세를 납부해야 했다면 얼마를 냈을까? 772,380원이다. 이 금액이 어떻게 나왔는지 알아보자.

주택 공시가격 × 공정시장가액비율

↑

과세표준 × 세율 = 산출 세액

↓

산출 세액 + 지방교육세 (+ 도시지역분) (- 세부담상한 초과세액)
⇒ 최종 납부 재산세

주택의 경우 공시가격에 공정시장가액비율을 곱하면 재산세의 과세표준이 된다. 김 과장이 소유한 아파트는 공동주택에 해당하기 때문에 공동주택 공시가격을 재산세의 과세표준을 구하는 데 사용한다. 김 과장이 소유한 아파트의 공동주택 공시가격은 578,000,000원이다. 그리고 주택의 공정시장가액비율은 1세대 1주택자는 45%, 그

외는 60%다. 김 과장은 여자 친구와 결혼을 했기 때문에 한 세대가 됐고 부부는 각각 1주택씩 총 2주택을 보유하게 됐다. 따라서 공정 시장가액비율은 60%가 적용되야 한다. 하지만 김 과장은 1주택만 소유하고 있다가 결혼으로 인해 1세대 2주택자가 됐다. 이런 경우 재산세 계산에서는 1세대 1주택의 기준을 「지방세법」 따라 5년간 적용받을 수 있다. 따라서 공정시장가액비율 45%가 적용된다. 김 과장이 소유한 아파트의 공동주택 공시가격 578,000,000원에 공정 시장가액 비율 45%를 곱하면 재산세 과세표준은 260,100,000원 이 된다.

[주택 과세표준에 따른 재산세 세율과 감면 혜택]

과세표준	세율	
	일반	9억 원 이하 1세대 1주택 특례
6천만 원 이하	0.1%	0.05%
1억 5천만 원 이하	6만 원 + 6천만 원 초과 금액의 0.15%	3만 원 + 6천만 원 초과 금액의 0.1%
3억 원 이하	19만 5천 원 + 1억 5천만 원 초과 금액의 0.25%	**12만 원 + 1억 5천만 원 초과 금액의 0.2%**
3억 원 초과	57만 원 + 3억 원 초과 금액의 0.4%	42만 원 + 3억 원 초과 금액의 0.35%

(2023년 4월 기준)

과세표준을 구했다면 세율을 알아볼 차례다. 위 표에 따르면 김 과장이 보유한 아파트의 과세표준은 300,000,000원 이하이고 1세 대 1주택자 특례에 따라 적용 세율은 '12만 원+1억 5천만 원 초과

금액의 0.2%'다. 계산하면 재산세 산출 세액은 340,200원이 된다. 그리고 재산세를 따라오는 서비스 세금인 지방교육세는 산출 세액의 20%이므로 계산하면 68,040원이 나온다. 다음으로 재산세 도시지역분을 더해줘야 한다. 앞서 설명한 것과 마찬가지로 도시지역분은 재산세 과세표준을 사용하고 세율은 0.14%로 고정돼있다. 김 과장의 재산세 과세표준에 도시지역분 세율을 곱하면 364,140원이 된다. 정리하면, 김 과장이 아파트를 보유하고 있을 때 최종적으로 납부해야 하는 재산세는 총 772,380원^{340,200원+68,040원+364,140원}이다.

재산세를 쉽게 확인할 수 있는 방법이 있을까?

공시가격, 공정시장가액비율, 과세표준, 세율, 지방교육세, 도시지역분 등 납부할 재산세를 계산하기 위해 알아야 할 것이 많다. 그런데 직접 계산하지 않고도 재산세를 쉽게 확인할 수 있는 방법이 있다. '네이버 부동산'에 접속해서 재산세가 궁금한 아파트를 검색해 클릭하면 '동호수/공시가격'에서 재산세를 확인할 수 있다. 다만 1세대 1주택자에 대한 재산세만 확인할 수 있고, 본인의 상황에 따라 세율이 추가되거나 중과/감면 혜택이 적용될 수 있으므로 정확한 세액은 직접 계산해보길 추천한다.

③ 부동산을 팔 때 : 양도소득세

김 과장은 종로구에 있는 아파트를 750,000,000원에 구입한 뒤 서대문구에 있는 아파트를 가지고 있던 여자 친구와 결혼해 법적으로 부부가 됐다. 어느 날 김 과장 부부는 급전이 필요해 아내가 소유한 아파트를 팔기로 결정하고 중개사무소에 내놓았다. 그런데 김 과장은 고민에 빠졌다. 과거에는 마포구에 있는 2년 이상 보유한 빌라를 1세대 1주택자 상태에서 매각해 양도소득세 비과세 혜택을 받았었다. 하지만 이번에는 자신이 소유한 아파트 1채와 아내가 소유한 아파트 1채로 인해 1세대 2주택자가 된 것이다. 1세대 2주택자는 비과세 혜택이 없었다. 아내가 소유한 아파트는 2년 전 800,000,000원에 구입한 아파트였고 며칠 뒤 900,000,000원에 팔렸다. 그리고 김 과장은 양도소득세 세율을 확인한 뒤 약 20,000,000원의 세금을 납부할 걱정을 하고 있었다. 하지만 김 과장은 아파트 매각 소득을 세무서에 신고한 뒤 납부해야 할 양도소득세가 없다는 소식에 깜짝 놀랐다. 일시적 1세대 2주택자에게 주는 비과세 혜택이 적용됐기 때문이다.

[1세대 2주택 비과세 특례]

1. 신규 주택을 취득해 2주택이 된 경우
2. 상속받은 주택으로 2주택이 된 경우
3. 동거봉양 합가로 2주택이 된 경우
4. 혼인으로 2주택이 된 경우
5. 부득이한 사유로 수도권 밖에 소재하는 주택을 취득해 2주택이 된 경우
6. 장기임대주택 보유에 대한 거주 주택 특례

일시적 1세대 2주택은 한 세대가 특정한 사유로 인해 일시적으로 2주택을 보유하는 것을 말한다. 국가는 부동산 시장 안정화를 위해 투기 세력에게 세금을 중과한다. 하지만 위와 같은 상황에서 일시적으로 2주택이 된 세대는 투기 세력으로 보지 않는다. 따라서 정해진 기간 안에 주택 1채를 팔아 다시 1세대 1주택자가 된다는 조건하에 매각한 주택은 양도소득세를 매기지 않는다. 김 과장 부부는 결혼으로 인한 일시적 1세대 2주택자가 된 경우로, 2채의 아파트 중 하나를 5년 이내에 팔면 양도소득세를 비과세받을 수 있다. 하지만 만약 김 과장이 소유한 종로구에 있는 아파트를 팔았다면 이 혜택은 받을 수 없었을 것이다. 2년 이상 보유하지 않았기 때문이다. 정리하면, 결혼으로 인해 일시적 1세대 2주택자가 된 경우 2년 이상 보유한 주택을 5년 이내에 매각하면 양도소득세 비과세 혜택을 받을 수 있다.

이렇게 김 과장은 아파트 1채를 매각하는 과정에서 일시적 1세대 2주택 혜택을 받아 양도소득세 비과세 혜택을 받았다. 만약 김 과장이 아내가 소유한 아파트 대신 자신이 소유한 아파트를 매각했다면 이 혜택은 받지 못했을 것이다. 이처럼 국가에서 제공하는 세제 혜택을 알고 있으면 똑똑하게 부동산을 사고팔 수 있다.

상황 3 : 은퇴를 앞두고 노후를 계획하는 김 부장

부장으로 승진한 뒤 회사에서 오랜 기간 근무한 김 부장은 이제 퇴직을 앞두고 있다. 열심히 일하며 부동산 투자도 꾸준히 해서 서울에 자신 명의로 된 아파트 2채를 소유하고 있다. 1채는 실거주용이고 다른 1채는 월세를 놓아 임대료를 받고 있다. 그런데 김 부장은 세를 놓은 아파트를 팔아 퇴직금과 합해 더 좋은 아파트를 구입해서 월세 수익을 늘릴 계획이다. 김 부장의 부동산 양도, 취득, 보유 과정에서 발생하는 세금을 알아보자.

① 부동산을 팔 때 : 양도소득세

늦은 시간 마트의 조리 식품 코너를 둘러보면 한 제품에 1개 이상의 가격표가 붙어있는 경우가 있다. 할인을 하는 것이다. 가격표가 많이 붙어있을수록 가격은 점점 낮아진다. 양도소득세를 계산하는 과정도 비슷하다. 계산 단계가 많고 복잡해서 어렵게 느껴질 수 있지만 이 복잡한 단계들이 본인의 세금을 줄여주는 과정이라고 생각하면 오히려 즐겁다. 각 계산 단계를 잘 이해하면 세금을 많이 줄일 수 있지만 그냥 넘어가면 필요 이상으로 납부하게 될 수도 있다. 김 부장의 사례를 통해 양도소득세의 계산 단계를 알아보자.

1단계 : 양도가액 - 취득가액 - 필요경비 = 양도차익
2단계 : 양도차익 - 장기보유특별공제액 = 양도소득금액
3단계 : 양도소득금액 - 250만 원 = 과세표준

↑

과세표준 × 세율 = 산출 세액

↓

산출 세액 + 지방소득세 ⇒ **최종 납부 양도소득세**

1단계 : 양도가액 - 취득가액 - 필요경비 = 양도차익

김 부장은 5년 전 서울시 영등포구에 있는 아파트 1채를 구입해 지금까지 월세를 받고 있다. 퇴직을 앞둔 김 부장은 종로구에 있는 실거주 중인 아파트 1채를 포함해 1세대 2주택자 상태에서 영등포구에 있는 아파트를 팔고자 한다. 양도소득세를 계산하기 위한 첫 단계는 양도차익 계산이다. 양도차익이란 쉽게 말해 사고판 금액의 차액을 말한다. 김 부장이 아파트를 양도하는 과정에서 발생하는 수익금과 세금이 얼마인지를 계산해보자. 김 부장은 5년 전 영등포구에 있는 아파트를 800,000,000원에 구입해 1,000,000,000원에 매각했고 200,000,000원의 차익이 발생했다. 하지만 이 차익이 전부 수익이 되지는 않는다. 5년 전 아파트를 취득하면서 납부했던 취득세, 법무사 비용, 중개수수료 등의 필요경비를 모두 제외하고 차익을 계산해야 한다.

[필요경비 인정 항목]

구분		인정 항목
인정되는 것	취득 시 비용	취득세, 법무사 비용, 취득 중개수수료, 컨설팅 비용, 매수자 부담 양도소득세
	양도 시 비용	양도 중개수수료, 세무사 양도소득세 신고수수료
	수리 시 비용	발코니 새시·홈오토 설치비, 건물 난방시설 교체 및 공사비, 방 확장 등 내부 시설 개량 공사비, 자바라·방범창 설치비 등
인정되지 않는 것		벽지·장판 교체비, 싱크대·보일러 수리비, 옥상 방수 공사비, 하수도관 교체비, 오수 정화조 설치 및 교체비, 화장실 공사비, 마루 공사비

위 표와 같이 필요경비로 인정되는 항목은 차익인 200,000,000원에서 빼고 계산해야 한다. 필요경비에는 보일러 교체비, 발코니 확장비, 새시 교체비 등이 포함된다. 필요경비가 클수록 세금이 많이 감면되기 때문에 위 항목에 대한 지출을 했다면 영수증을 잘 보관했다가 세무서에 제출해야 한다. 김 부장은 아파트를 800,000,000원에 구입해서 1,000,000,000원에 팔고 그 과정에서 필요경비 40,000,000원이 들었으므로 양도차익은 160,000,000원이 된다.

2단계 : 양도차익 - 장기보유특별공제액 = 양도소득금액

양도차익이 160,000,000원인 것을 알았다면 한 단계만 더 거치면 양도소득금액을 구할 수 있다. 그 한 단계는 장기보유특별공제 혜택을 적용하는 것이다. 주택을 오래 보유한 만큼 양도소득세를 비과세해주는 혜택이다.

[주택 보유 기간에 따른 장기보유특별공제율]

보유 기간	일반	1세대 1주택	
		보유 시	거주 시
2년 이상 ~ 3년 미만	—	—	8%
3년 이상 ~ 4년 미만	6%	12%	12%
4년 이상 ~ 5년 미만	8%	16%	16%
5년 이상 ~ 6년 미만	10%	20%	20%
6년 이상 ~ 7년 미만	12%	24%	24%
7년 이상 ~ 8년 미만	14%	28%	28%

8년 이상 ~ 9년 미만	16%	32%	32%
9년 이상 ~ 10년 미만	18%	36%	36%
10년 이상 ~ 11년 미만	20%		
11년 이상 ~ 12년 미만	22%		
12년 이상 ~ 13년 미만	24%		
13년 이상 ~ 14년 미만	26%	40%	40%
14년 이상 ~ 15년 미만	28%		
15년 이상	30%		

(2023년 4월 기준)

장기보유특별공제액은 양도차익에 공제율을 곱해서 계산한다. 김 부장은 1세대 2주택자 상태에서 영등포구에 있는 아파트를 5년 동안 보유만 했으므로 위 표에 따르면 양도차익의 10%를 공제받을 수 있다. 김 부장이 얻은 양도차익의 10%는 16,000,000원이므로 이 금액을 양도차익에서 빼면 양도소득금액은 144,000,000원이 된다. 그런데 여기에 보너스가 있다.

3단계 : 양도소득금액 - 250만 원 = 과세표준

당해 연도에 처음으로 부동산을 매각해 양도차익을 얻었다면 2,500,000원을 추가로 감면받을 수 있다. 부동산 매각 시 연 1회에 한해 2,500,000원을 감면해준다. 따라서 추가 혜택을 적용하면 김 부장의 양도소득세 과세표준은 141,500,000원이 된다.

[주택 과세표준에 따른 양도소득세 세율과 누진공제]

과세표준	세율	누진공제
1천 400만 원 이하	6%	—
1천 400만 원 초과 ~ 5천만 원 이하	15%	126만 원
5천만 원 초과 ~ 8천 800만 원 이하	24%	576만 원
8천 800만 원 초과 ~ 1억 5천만 원 이하	35%	1천 544만 원
1억 5천만 원 초과 ~ 3억 원 이하	38%	1천 994만 원
3억 원 초과 ~ 5억 원 이하	40%	2천 594만 원
5억 원 초과	42%	3천 594만 원
10억 원 초과	45%	6천 594만 원

(2023년 4월 기준)

과세표준을 구했다면 이제 세율을 알아볼 차례다. 위 표의 가장 오른쪽에는 누진공제라는 항목이 있다. 보통 '공제'라는 단어가 들어가면 세금을 감면해주는 혜택이지만 누진공제는 조금 다르다. 정확히는 세금을 감면해주는 것이 아니라 금액 구간별로 달라지는 세율로 인해 계산이 복잡해지는 것을 대비해 미리 계산해놓는 것이다. 예를 들어 누진공제가 없는 경우 양도소득세 과세표준이 50,000,000원이라면 위 표에 따라 50,000,000원 중 14,000,000원 이하 금액에는 6%의 세율을 적용하고 14,000,000원 초과 50,000,000원 이하 금액에는 15%의 세율을 적용해 두 번 계산해야 한다. 만약 양도소득세 과세표준이 500,000,000원이 넘는다면 금액 구간별로 무려 일곱 번을 계산해야 하는 것이다. 그런데 누진공제를 하면 이렇게 복잡하게 계산하지 않아도 된다. 예를 들어 양도소득세 과세표준이 50,000,000원이라면 15%의 세율을 곱하고 누진공제액 1,260,000원을 빼면 된다. 따라서 과세표준을 구하고 세율을 곱한 뒤 누진공제액을 빼면 보다 간단하게 양도소득세 산출 세액을 계산할 수 있다. 김 부장이 매각한 아파트의 과세표준은 141,500,000원이므로 위 표에 따르면 적용 세율은 35%이고 누진공제액은 15,440,000원이다. 계산하면 양도소득세 산출 세액은 34,085,000원이 된다. 마지막으로 양도소득세를 따라오는 서비스 세금인 지방소득세가 추가된다. 지방소득세는 소득세에 부수적으로 붙는 부가세로, 산출 세액의 10%다. 따라서 김 과장이 아파트를 양도할 때 최종적으로 납부해야 하는 양도소득세는 총 37,493,500원 _{34,085,000원+3,408,500원}이다.

② 부동산을 살 때 : 취득세

소유하고 있던 영등포구에 있는 아파트를 매각한 김 부장은 서울시 여의도에 있는 1,500,000,000원짜리 아파트를 찾았다. 사고 싶은 아파트를 놓칠까 봐 불안했던 김 부장은 법인으로 부동산 투자를 한다는 주변 사람들의 이야기를 듣고 잘 알아보지 않은 상태로 법인으로 등록해 1,500,000,000원에 아파트를 구입했다. 하지만 김 부장은 아파트를 구입한 직후 크게 후회했다. 200,000,000원이 넘는 취득세가 나왔기 때문이다.

취득가액

↑

과세표준 × 세율 = 산출 세액

↓

산출 세액 + 지방교육세 (+농어촌특별세) ⇒ 최종 납부 취득세

김 부장이 구입한 아파트는 여의도에 있는 1,500,000,000원짜리 아파트다. 따라서 취득세의 과세표준은 1,500,000,000원이 된다.

[규제 지역과 주택 수에 따른 취득세 세율]

규제 지역	1주택	2주택	3주택	4주택 이상/법인
조정대상지역	1~3%	8%	12%	12%
비조정대상지역		1~3%	8%	12%

(2023년 4월 기준)

과세표준에 세율을 곱하면 취득세가 된다. 위 표에 따르면 김 부장은 비조정대상지역에 있는 아파트를 구입했지만 법인으로 취득했기 때문에 12%의 세율을 적용받는다.

[취득세 세율에 따른 지방교육세 세율]

취득세 세율		세율
표준세율	1~3%	0.1~0.3%
중과세율	8%	0.4%
중과세율	12%	0.4%

(2023년 4월 기준)

그리고 여기에 취득세를 따라오는 서비스 세금인 지방교육세 세율 0.4%가 추가돼 총 12.4%의 세율이 적용된다.

[취득세 세율에 따른 농어촌특별세 세율]

취득세 세율		세율
표준세율	1~3%	0.2%
중과세율	8%	0.6%
중과세율	**12%**	**1%**

(2023년 4월 기준)

그런데 김 부장이 구입한 아파트의 전용면적은 85㎡를 초과하므로 지방교육세뿐만 아니라 농어촌특별세도 추가된다. 취득세도 12%로 중과되고 지방교육세도 0.4%로 중과되는데, 위 표에 따르면 농어촌특별세까지 1%로 중과된다. 정리하면, 김 부장이 법인으로 아파트를 취득할 때는 과세표준 1,500,000,000원에 총 세율 13.4%가 적용되므로 최종적으로 납부해야 하는 취득세는 총 201,000,000원이다. 만약 김 부장이 법인이 아닌 개인으로 아파트를 구입했다면 최종 납부 취득세는 총 52,500,000원[15억 원×(취득세 3%+지방교육세 0.3%+농어촌특별세 0.2%)]이다. 하지만 법인으로 구입해 4배에 가까운 세금을 납부해야 했다. 그런데 김 부장의 후회는 여기서 끝이 아니었다.

③ 부동산을 가지고 있을 때 : 재산세와 종합부동산세

김 부장은 많은 취득세를 납부해 의기소침한 상태였다. 그러던 중 재산세 납부 시기가 돌아왔다. 앞서 김 과장의 재산세 계산 과정[102쪽]

^{참조}과 동일하게 적용하니 약 10,000,000원의 세금이 예상됐지만 실제 고지서에는 20,000,000원이 넘는 금액이 고지돼있었다. 김 부장은 한숨을 푹 쉬었다. 재산세를 계산하는 과정에서 김 부장이 실수한 점은 종합부동산세를 계산하지 않은 것이다. 종합부동산세는 '부자세'라는 별명이 있다. 일반적으로 주거용 부동산이나 토지를 많이 소유한 사람만 납부하는 세금이기 때문이다.

[주택의 종합부동산세 공제액]

구분	공제
1세대 1주택	12억 원
1세대 부부 공동 명의	18억 원(1인당 9억 원)
다주택자	9억 원
법인	—

(2023년 4월 기준)

예를 들어 1세대 1주택자는 종합부동산세 공제액이 1,200,000,000원이다. 이는 공시가격이 1,200,000,000원을 초과하는 주거용 부동산을 소유해야 납부하는 세금이라는 의미다. 이처럼 종합부동산세는 납부 대상자가 되는 것조차 쉬운 일이 아니다. 그런데 김 부장이 법인으로 취득한 아파트의 공시가격은 1,000,000,000원이었음에도 왜 종합부동산세가 부과됐을까? 위 표에서 보듯이 법인으로 주택을 소유하면 공제액이 없기 때문이다. 즉, 1세대 1주택자는 공시가격에서 1,200,000,000원을 빼고 남은 금액에 대해 종합부동산세가 부과되는데, 법인은 공제액 없이 공시가격을 기준으로 부과된다. 그래서 김 부장의 경우 예상하지 못한 큰 금액의 세금이 부과된 것이다. 종합부동산세는 계산하는 단계가 많고 복잡해서 간단하게 알아보자. 종합부동산세의 과세표준은 개인이나 법인이 소유하고 있는 주택 전체의 공시가격을 합산하면서 시작한다. 따라서 김 부장은 법인으로 소유한 아파트의 공시가격 1,000,000,000원부터 과세표준을 계산한다. 하지만 법인은 공제액이 없으므로 공시가격에 공정시장가액비율을 곱하면 과세표준이 된다. 또한 법인은 공정시장가액비율도 60%다. 계산하면 김 부장의 법인이 소유한 아파트의 종합부동산세 과세표준은 600,000,000원이 된다.

[주택 과세표준에 따른 종합부동산세 세율]

과세표준	세율	
	2주택 이하	3주택 이상
3억 원 이하	0.5%	
3억 원 초과 ~ 6억 원 이하	0.7%	
6억 원 초과 ~ 12억 원 이하	1%	
12억 원 초과 ~ 25억 원 이하	1.3%	2%
25억 원 초과 ~ 50억 원 이하	1.5%	3%
50억 원 초과 ~ 94억 원 이하	2%	4%
94억 원 초과	2.7%	5%
법인	2.7%	5%

(2023년 4월 기준)

개인의 종합부동산세 세율은 과세표준과 주택 수에 따라 달라지지만 법인은 주택 수에 따라서만 달라진다. 김 부장의 법인은 1주택을 소유하고 있으므로 2.7%의 고정 세율이 적용된다. 과세표준 600,000,000원에 2.7%를 곱하면 종합부동산세는 16,200,000원이 된다.

[재산세와 종합부동산세의 이중과세 구간]

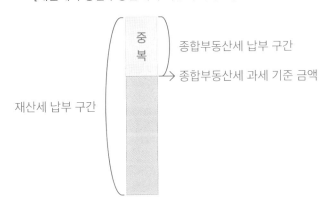

종합부동산세는 공시가격에서부터 계산이 시작된다. 공시가격이 일정 금액을 초과하면 그때부터 납부 대상자가 되는 것이다. 그런데 여기서 공시가격이 일정 금액을 초과하는 부분은 재산세와 종합부동산세를 모두 납부하는 이중과세 구간이 된다. 따라서 위 그림처럼 재산세와 종합부동산세가 중복되는 부분에서는 재산세에 해당하는 금액을 빼야 한다. 이제부터는 계산이 복잡하고 단계가 많아 '부동산계산기^{부동산계산기.com}' 사이트를 통해 편리하게 계산해봤다. 다음의 계산식은 참고만 하자.

[김 부장이 법인 명의로 1주택을 보유하는 경우]

#	적요	값	비고
1	공시가격	1,000,000,000	입력값
2	과세표준	600,000,000	재산세 공정시장가액비율 60% 적용
3	재산세	1,770,000	570,000 원 + 3억원 초과금액의 0.4%
4	도시지역분	840,000	과세표준액의 0.14%
5	지방교육세	354,000	재산세액의 20%
6	종부세 공제금액	0	2021년부터 법인은 공제금액 없음
7	종부세 과세표준	600,000,000	(공시가격합 - 공제금액) × 공정시장가액비율 60%
8	종합부동산세	16,200,000	법인 고정 세율 2.7%
9	재산세 중복분	1,440,000	1,770,000 × 1,440,000 / 1,770,000
10	중복분 차감후	14,760,000	재산세 중복분(1,440,000) 차감 후 종부세
11	농어촌특별세	2,952,000	종합부동산세의 20%
12	종부세 합산금액	17,712,000	종합부동산세 + 농어촌특별세
13	총 납부액	20,676,000	재산세+지방교육세+도시지역분+종부세+농어촌특별세

(출처 : 부동산계산기)

지금까지 내용은 8번까지 계산한 결과다. 이후 9번은 재산세와 종합부동산세가 중복되는 부분에 대한 공제를 말한다. 8번에서 9번을 뺀 나머지가 10번 종합부동산세가 된다. 만약 고령자이거나 장기간 보유한 주택이라면 추가 세금 감면 혜택을 받을 수도 있다. 그리고 서비스 세금인 농어촌특별세가 11번에 추가된다. 따라서 김 부장이 법인으로 주택을 보유하고 있을 때 최종적으로 납부해야 하는 재산세와 종합부동산세는 총 20,676,000원이다.

[김 부장이 개인 명의로 2주택을 보유하는 경우]

#	적요	값	비고
1	자산1 - 공시가격	1,000,000,000	입력값
2	자산1 - 과세표준	600,000,000	재산세 공정시장가액비율 60% 적용
3	자산1 - 재산세	1,770,000	570,000 원 + 3억원 초과금액의 0.4%
4	자산1 - 도시지역분	840,000	과세표준액의 0.14%
5	자산1 - 지방교육세	354,000	재산세액의 20%
6	자산1 - 납부액	2,964,000	재산세 + 지방교육세 + 도시지역분
7	자산2 - 공시가격	1,000,000,000	입력값
8	자산2 - 과세표준	600,000,000	재산세 공정시장가액비율 60% 적용
9	자산2 - 재산세	1,770,000	570,000 원 + 3억원 초과금액의 0.4%
10	자산2 - 도시지역분	840,000	과세표준액의 0.14%
11	자산2 - 지방교육세	354,000	재산세액의 20%
12	자산2 - 납부액	2,964,000	재산세 + 지방교육세 + 도시지역분
13	공시가격합산	2,000,000,000	입력값 합계
14	종부세 공제금액	900,000,000	1세대 1주택 초과로 공제금액 9억원
15	종부세 과세표준	660,000,000	(공시가격합 - 공제금액) × 공정시장가액비율 60%
16	종합부동산세	4,200,000	12억 원 이하 세율 1%, 누진공제액 240만원
17	재산세 중복분	1,344,691	3,540,000 × 1,584,000 / 4,170,000
18	중복분 차감후	2,855,309	재산세 중복분(1,344,691) 차감 후 종부세
19	농어촌특별세	571,062	종합부동산세의 20%
20	종부세 합산금액	3,426,371	종합부동산세 + 농어촌특별세
21	총 납부액	9,354,371	재산세+지방교육세+도시지역분+종부세+농어촌특별세

(출처 : 부동산계산기)

만약 김 부장이 법인이 아닌 개인 명의로 주택을 구입했다면 어떻게 될까? 김 부장이 기존에 소유하고 있는 아파트와 새로 취득하는 아파트 모두 공시가격이 1,000,000,000원이라고 가정하고 재산세와 종합부동산세를 계산하면 최종적으로 납부해야 하는 세금은 총 9,354,371원이다.

만약 김 부장이 법인 명의가 아니라 개인 명의로 주택을 구입했다면 취득세 약 150,000,000원과 재산세와 종합부동산세 약 10,000,000원을 아껴 총 160,000,000원 이상의 세금을 아꼈을 것이다. 김 대리는 취득·보유·양도 과정에서 모두 세금을 아꼈고, 김 과장은 양도소득세 비과세 혜택을 받아 크게 절세할 수 있었다. 하지만 김 부장은 법인으로 구입해 약 160,000,000원의 세금을 추가로 납부해야 했다.

이처럼 세금에 대한 높은 이해도는 자산을 지키는 데 큰 도움이 된다. 양도소득세 비과세 혜택을 잘 활용하면 양도소득세를 한 번도 내지 않고 더 좋은 집으로 이사할 수도 있다. 당장은 이 모든 내용이 어려울 수 있지만 양도소득세 비과세 혜택만 잘 기억해둬도 부동산 세금에서 가장 중요한 부분은 챙긴 것이다.

재산세와 종합부동산세의 납부 기한은?

재산세는 매년 7월 16일부터 7월 31일까지, 9월 16일부터 9월 30일까지 두 번에 걸쳐 납부한다. 종합부동산세는 매년 12월 1일부터 12월 15일까지가 납부 기한으로, 세액이 250만 원을 초과하는 경우 납세자가 원한다면 '분납신청'을 통해 분납이 가능하다. 분납을 하면 6개월 뒤인 다음 연도 6월 15일까지 250만 원을 초과하는 금액에 대해 납부할 수 있으며 추가 이자는 부담하지 않는다. 만약 종합부동산세가 500만 원을 초과한다면 납부 세액의 50% 이하만 분납이 가능하다.

재산세와 종합부동산세의 과세 기준일은?

과세 기준일은 '이 날까지는 이번 연도 세금이다'라는 기준이 되는 날이다. 재산세와 종합부동산세 모두 과세 기준일은 매년 6월 1일이다. 6월 1일에 부동산을 소유하고 있는 사람이 세금을 납부해야 한다는 의미다. 이 시기의 부동산 계약은 하루 차이로도 세금 납부 의무자가 바뀔 수 있으므로 매도자와 매수자가 원만하게 협상하는 것이 좋다. 팔기로 결정한 부동산이라면 매도자는 6월이 되기 전에 팔아야 이득일 것이고, 반대로 매수자는 6월 이후에 매수해야 이득일 것이다.

5월 28에 계약금을 송금한 뒤 잔금 지급일이 6월 11이라면 재산세는 누가 낼까?

소유권이 넘어갔는지에 대한 판단 기준은 등기 접수일과 잔금 지급일 중 빠른 날로 본다. 부동산을 취득할 때 매수자가 잔금을 송금하고 법무사가 등기를 접수하기 때문에 대부분 이 둘의 시점은 같은 날이라고 보면 된다. 질문과 같은 경우에는 재산세 과세 기준일인 6월 1일에 매수사가 산금을 시급하시 않은 상태이므로 소유권은 해당 부동산의 이전 소유자인 매도자에게 있다. 따라서 이때의 재산세는 매도자가 납부해야 한다. 만약 6월 1일 당일이 잔금 지급일이라면? 재산세는 매수자가 내야 했을 것이다.

세부담상한제란?

어느 날 갑자기 주택 가격이 2배가 되면서 공시가격도 2배가 된다면 어떻게 될까? 재산세도 큰 폭으로 상승할 것이다. 이런 경우 주택 소유자는 갑자기 증가한 재산세로 인해 상당한 금전적 부담을 안게 된다. 국가는 납세자의 이런 부담을 줄여주고자 '세부담상한제'라는 제도를 두고 있다. 세부담상한제란 이전 연도에 납부한 재산세를 기준으로 당해 연도에 납부할 세금의 상한을 정한 것이다. 예를 들어 어느 주택의 공시가격이 5억 원이라면 재산세가 아무리 많이 올라도 상한선이 있어 이전 연도에 납부한 세금을 기준으로 110% 이상의 초과세액은 납부하지 않는다.

구분	개인			법인
주택 공시가격	3억 원 이하	3억 원 초과 ~ 6억 원 이하	6억 원 초과	—
세부담상한 비율	105%	110%	130%	150%

대출도 아무나 할 수 있는 게 아니다?

은행은 손해 보기를 싫어한다

대출을 받는다는 것은 사람마다 상황마다 다른 의미를 갖는다. 이 자를 감당하지 못할 만큼 대출을 받는다면 빚이 되기도 하지만, 대출을 적절히 잘 이용한다면 타인의 돈으로 자산 증식의 효과를 가져 오는 레버리지를 일으킬 수도 있다. 집을 사거나 개인 사정으로 급한 돈이 필요할 때 은행은 우리에게 돈을 얼마나 빌려줄 수 있을까? 은행이 아무에게나 무작정 돈을 빌려준다면 국가는 은행에, 은행은 대출자에게 빌려준 돈을 되돌려받지 못해 엄청난 적자가 날 것이다. 이는 곧 큰 경제 위기로 이어질 수 있으므로 은행은 절대 손해 보려 하지 않는다. 그래서 은행은 개인에게 돈을 빌려줄 때 이 사람이 돈을 갚을 능력이 있는 사람인지, 만약 갚지 못한다면 대신 가져올 재산이 있는지 등을 판단한 뒤 대출을 해준다. 아무에게나 돈을 빌려주지 않는다는 것이다. 이제부터 은행에서 개인의 대출 가능 금액을 결정하는 기준이 되는 지표들을 알아보자.

LTV : 주택 가격의 몇 퍼센트만 빌려줄게!

LTV는 Loan To Value ratio^{주택담보대출비율}의 약자다. 쉽게 말해 주택 가격의 몇 퍼센트가 대출이 가능한지를 정한 수치다. 은행은 절대 손해 보려 하지 않는다. 그렇기 때문에 대출자는 본인이 가지고 있는 자산을 은행에 담보로 맡기고 대출을 받아야 한다. 물론 집을 담보로 잡는다고 해서 집값의 100%를 빌려줄 수는 없다. 그래서 은행은 LTV라는 기준을 정해 적절한 대출 금액을 산정한다. 여기서 주택의 가격, 즉 시세는 보통 KB시세로 판단한다. 은행이 주택을 담보로 대출을 해줄 때 해당 주택의 가격을 판단하는 기준이 있어야 하는데, 대부분의 시중 은행은 KB시세를 기준으로 삼는다.

주택 가격(KB시세 기준) 5억 원, LTV 80%

→ 5억 원짜리 주택의 80%를 대출해주겠다는 의미

→ 5억 원 × 80% = 4억 원(대출 가능 금액)

KB시세가 없는 집은 어떻게 대출을 받을까?

세대수가 많은 아파트나 오피스텔은 KB시세가 형성돼있다. 하지만 빌라, 나 홀로 아파트, 연립주택 등과 같이 거래가 많이 이루어지지 않는 부동산은 KB시세가 없는 경우가 많다. 이럴 때는 금융사에서 해당 부동산에 대한 감정을 의뢰해 그 감정가를 기준으로 대출을 받는다. 금융사마다 감정가가 다르기 때문에 여러 곳을 비교해보고 대출받는 것이 좋다.

임차인이 있는 경우 LTV가 달라질까?

주택을 매매할 때 공실인 집을 사는 경우도 있지만 임차인이 거주 중인 집을 사는 경우도 있다. 흔히 전세 끼고 매매라고 부르는데, 이 경우에는 대출 한도가 달라질까? 은행은 언제나 손해 보길 싫어한다. 은행이 필수로 대비해야 하는 최악의 상황—은행의 손해가 최대가 되는 상황—은 부동산 소유자, 즉 부동산을 담보로 대출한 사람이 돈을 갚지 못해 집이 경매로 나왔을 때다. 집이 경매로 나오면 소유자에게 돈을 받아야 할 사람들이 권리상 우선순위대로 줄을 서게 된다. 만약 해당 집이 특정 금액에 낙찰되면 그 낙찰금에서 줄을 선 순서대로 돈을 받아간다.—자세한 내용은 Chapter 5에서 설명했다.—
그런데 이미 임차인이 살고 있는 집이라면 은행은 임차인보다 후순
위가 되기 때문에 임차인의 보증금만큼은 손해를 볼 수 있다. 따라
서 전세 끼고 매매의 경우 LTV로 대출 가능 금액을 계산할 때는 보
증금만큼의 금액은 제외해야 한다.

🔍 EXAMPLE

주택 가격(KB시세 기준) 5억 원, LTV 80%

→ 5억 × 80% = 4억 원(본래 대출 가능 금액)

전세 보증금 3억 5천만 원을 지불한 임차인이 거주하고 있을 시

→ 4억 원 – 3억 5천만 원 = 5천만 원(대출 가능 금액)

DTI : 연소득이 얼마인지 보고 갚을 수 있는 정도만 빌려줄게!

$$DTI = \frac{\text{신규 주택담보대출 원리금 상환액 + 기타 대출 이자 상환액}}{\text{연소득} \times 100}$$

DTI는 Debt To Income ratio^{총부채상환비율}의 약자다. 개인의 연소득
을 기준으로 연봉의 몇 퍼센트까지 대출을 해줄지 결정하는 것이다.
앞에서 설명했던 LTV는 대출받을 수 있는 최대한도라고 생각하면

된다. 일반적으로 은행에서는 LTV만 보지 않고 개인의 대출 상환 능력을 보는 DTI와 DSR까지 고려해 대출금을 계산한다. DTI를 기준으로 결정된 대출 가능 금액은 새로 살 주택의 담보대출 원리금^{원금+이}^자과 기존의 기타 대출 이자로 계산된다. 이 둘을 합한 금액을 초과해서 대출을 받을 수 없다는 의미다.

그러면 '대출이 너무 적게 나오지 않을까?'라고 생각할 수 있다. 하지만 DTI는 상환 기간을 최대 35년까지 늘릴 수 있다. 다만 상환 기간을 늘리면 당연히 이자도 늘어난다는 점을 감안해야 한다. 또한 대출 상품에 따라 여러 조건이 다를 수 있으니 은행에 확인해보길 바란다.

⊙ EXAMPLE

DTI 40% / 조건 : 연봉 5천만 원, 10년 상환, 기타 대출 이자 0원

→ 5천만 원 × 40% = 2천만 원

(1년에 2천만 원은 갚을 수 있는 능력이 있구나. A[◉]가 2천만 원이 될 때까지는 빌려줄 수 있겠어!)

→ 2천만 원 × 10년 = 2억 원

(상환 기간 10년에 1년에 2천만 원씩 갚을 능력이 있으니까 2억 원은 빌려줄 수 있겠어!)

⊙ 신규 주택담보대출 원리금 상환액 + 기존 대출 이자 상환액

신DTI : 원래는 신규 주택담보대출만 봤는데, 이제부터는 기존 주택담보대출도 볼게!

$$신DTI = \frac{모든\ 주택담보대출\ 원리금\ 상환액 + 기타\ 대출\ 이자\ 상환액}{연소득} \times 100$$

기존 DTI보다 더 강화된 기준으로 2018년도부터 도입된 제도다. 본래 DTI는 새로 살 신규 주택의 담보대출 상환액만 고려했다. 하지만 신DTI는 모든 주택담보대출, 즉 새로 살 주택의 담보대출 원리금과 기존 주택담보대출의 원리금을 모두 고려해 대출을 해주겠다는 것이다. 이 기준이 도입되면서 기존에 주택을 가지고 있던 사람은 은행에서 대출을 받기가 더 어려워졌다.

DSR : 연소득과 기존의 모든 대출을 보고 갚을 수 있는 정도만 빌려줄게!

$$DSR = \frac{모든\ 주택담보대출\ 원리금\ 상환액 + 기타\ 대출\ 원리금\ 상환액}{연소득} \times 100$$

DSR은 Debt Service Ratio^{총부채원리금상환비율}의 약자다. DSR은 가장

강력한 기준으로, 우리가 대출받기 가장 어렵게 만든 장본인이다. 신DTI가 신규 주택담보대출뿐만 아니라 기존 주택담보대출의 원리금까지 포함해 기준이 더 강화됐다면 DSR은 여기에 더해 개인의 모든 대출, 즉 주택담보대출_{신규+기존} 외 기존의 모든 기타 대출의 원리금까지 고려해 대출을 해주겠다는 것이다. 여기서 말하는 기타 대출에는 학자금 대출, 신용카드 할부금, 자동차 할부금 등의 모든 대출이 포함된다.

LTV→DTI→DSR로 갈수록 개인의 소득이나 기존 대출금까지 고려하기 때문에 대출받기가 점점 어려워진다. 은행에서 대출 상담을 하지 않는 한 본인의 정확한 대출 가능 금액은 알 수 없지만 부동산계산기 사이트에서 대략적인 금액은 예상해볼 수 있다.

이런 모든 대출 규제들은 무분별한 부동산 투기를 막기 위해 만들어졌다. 앞으로 어떤 지역에 LTV, DTI, DSR 규제를 강화한다는 뉴스가 들리면 '정부에서 부동산 거래를 줄이려고 하는구나'라고 짐작할 수 있을 것이다.

5

공인중개사의 수고비 : 부동산 중개수수료

 '배달의민족'이나 '쿠팡이츠' 같은 배달 플랫폼은 배달 음식점과 소비자를 연결해주는 대가로 수수료를 받는다. 부동산 거래도 마찬가지다. 부동산을 사는 사람과 파는 사람, 또는 부동산을 빌리는 사람과 빌려주는 사람 사이에서 안전하게 거래를 중개해주는 공인중개사가 있고 공인중개사는 그 대가로 양측에게 각각 수수료를 받는다.

 부동산은 안전한 거래가 가장 중요하고 이를 위해서는 계약을 함께 진행하는 공인중개사의 역할도 중요하다. 그렇기 때문에 부동산을 거래할 때 이에 합당한 중개수수료를 공인중개사에게 지불한다. 중개수수료는 법적으로 금액이 정해져 있다. 정확히는 거래 금액에 수수료 퍼센트인 요율이 정해져 있다. 거래 금액이 작은 부동산의 경우에는 한도액도 정해져 있다. 한도는 있지만 그 금액 이하로는 정해진 것이 없기 때문에 중개수수료는 협의가 가능하다고 생각하면 된다. 하지만 공인중개사가 부동산 거래를 위해 열심히 수고해줬는데, 터무니없이 낮은 금액을 요구하는 것은 예의가 아니니 적절한 협상을 해보길 바란다.

중개수수료 계산 방법

중개수수료는 부동산 거래 금액에 요율을 곱해서 산출한다. 동일한 아파트라고 해도 매매인지, 임대차인지에 따라 거래 금액과 요율이 다르다.

부동산 중개수수료 = 거래 금액 × 상한 요율

- 매매 거래 금액 : 매매 가격

- 전세 거래 금액 : 보증금

- 월세 거래 금액 : 보증금 + (월세 × 100)

　(단, 거래 금액이 5천만 원 미만일 시 '보증금 + (월세 × 70)'으로 계산)

다음 표는 서울시의 중개수수료 요율표다. 지역마다 다를 수 있으 니 왼쪽의 QR 코드를 통해 접속하면 지역별 요율을 볼 수 있다. 요청반은 중개수수료가 있다면 스스로 한 번 더 확인해보는 게 어떨까?

[서울특별시 부동산 중개수수료 요율표]

종류	거래 내용	거래 금액	상한 요율	한도액
주택	매매·교환	5천만 원 미만	1천분의 6	25만 원
		5천만 원 이상 ~ 2억 원 미만	1천분의 5	80만 원
		2억 원 이상 ~ 9억 원 미만	1천분의 4	—
		9억 원 이상 ~ 12억 원 미만	1천분의 5	—
		12억 원 이상 ~ 15억 원 미만	1천분의 6	—
		15억 원 이상	1천분의 7	—
	임대차 등 (매매·교환 이외)	5천만 원 미만	1천분의 5	20만 원
		5천만 원 이상 ~ 1억 원 미만	1천분의 4	30만 원
		1억 원 이상 ~ 6억 원 미만	1천분의 3	—
		6억 원 이상 ~ 12억 원 미만	1천분의 4	—
		12억 원 이상 ~ 15억 원 미만	1천분의 5	—
		15억 원 이상	1천분의 6	—
오피스텔 (전용면적 85㎡ 이하, 일정 설비를 모두 갖춘 경우)	매매·교환	—	1천분의 5	
	임대차 등 (매매·교환 이외)	—	1천분의 4	
오피스텔 (위 적용 대상 외)	매매·교환· 임대차 등	—	1천분의 9	
주택·오피스텔 외 (토지, 상가 등)	매매·교환· 임대차 등	—	1천분의 9	

(2023년 4월 기준)

알아두면 쓸모 있는 부동산 앱과 사이트

위 사진은 한국거래소에서 주식의 현재 가격을 보여주는 전광판이다. 이처럼 주식은 실시간으로 현재 가격을 알 수 있다. 이런 상황에서 갑자기 현재 거래 가격보다 월등히 높은 가격으로 주식을 사는 사람이 있을까? 정상적인 사람이라면 없을 것이다. 또한 주식을 살 때 파는 사람에게 깎아달라고 요청하는 사람이 있을까? 이 또한 없을 것이다. 때문에 주식을 사고파는 당시에는 시세보다 비싸게 샀다고 억울해 하는 사람이 없다.

하지만 부동산은 다르다. 주식과 부동산의 가장 큰 차이점은 유동성이다. 부동산은 주식처럼 회전이 빠르지 않다. 팔고 싶다고 당장 팔 수도, 사고 싶다고 당장 살 수도 없다. 또한 부동산은 주식에 비해 거래량도 현저히 적다. 이걸 유동성이 낮다고 표현한다. 유동성이 낮은 부동산은 여러 가지 문제가 발생한다. 한동안 매매든 임대차든 거래 내역이 없다면 그 부동산의 현재 가격이 얼마인지 아무도 모른다. 또한 부동산 가격이 가파르게 상승하거나 하락할 때도 정확한 시세는 아무도 알 수 없다. 때문에 시세보다 비싸게 샀다고 억울해 하는 사람들이 종종 생기기 마련이다. 이런 억울함에 완벽하게 대처할 수는 없지만 많은 데이터를 비교해보면 해당 부동산의 적정 가격을 어느 정도 추측해볼 수 있다. 만약 부동산 매매나 전세, 월세 등을 알아보고 있다면 다음의 부동산 앱들을 활용해보길 추천한다.

아파트 실거래가(아실)

'아파트 실거래가(아실)'는 이름 그대로 아파트 실거래가 정보를 제공하는 앱으로, 매매뿐만 아니라 전세와 월세의 실거래가 정보도 제공한다. 더불어 아파트 가격을 결정하 는 학군, 교통, 환경, 대장 아파트, 미분양 아파트, 인구 등의 다양한 정보도 함께 제공한다. 또한 직접 살아보지 않으면 알 수 없는 입주민의 후기까지 볼 수 있어 아파트를 거래하고자 한다면 아실은 필수 앱이다.

호갱노노

'호갱노노'는 기본적으로 아파트 실거래가와 다양한 정보를 제공하는 점은 아실과 동일하다. 두 앱의 차이점이라면 가 시성이라고 할 수 있다. 호갱노노는 데이터를 보다 직관적으로 보여줘서 초보자가 사용하기 편리하다.

부동산플래닛(www.bdsplanet.com)

'부동산플래닛'은 빌라를 비롯해 단독주택, 상가, 지식산업센터 등에 대한 실거래가 정보를 제공한다. 이 외에도 다양한 정보를 제공하지만 부동산플래닛에서 가장 인기 있는 기능은 노후도를 알려주는 기능이다. 빌라에 투자하는 이유 중 하나는 재개발이 되는 경우 아파트 입주권을 받기 위한 것인데, 사람들의 이런 수요를 파악해 해당 지역의 노후도를 알려준다.

네이버 부동산(land.naver.com)

'네이버 부동산'도 부동산의 실거래가와 다양한 정보를 제공하지만 앞서 소개한 앱이나 사이트에 비해 아쉬운 부분이 있다. 하지만 네이버 부동산의 가장 큰 장점은 많은 매물들이다. 어떤 지역에서 어떤 종류의 부동산을 찾던 매매, 전세, 월세 매물을 금방 찾아 한눈에 볼 수 있다.

Chapter 3

부동산 거래의 시작 :
전세와 월세

내 보증금은 내가 지킨다! 확정일자와 전입신고

대한민국에 살면서 부동산 계약을 한 번도 하지 않고 살아가는 것은 불가능에 가깝다. 처음 독립해 자취를 하게 되면 월세 또는 전세로 거주할 가능성이 높다. 월세든 전세든 모두 보증금이라는 목돈이 드는 계약이다. 계약이 끝나면 임대인으로부터 보증금을 문제없이 돌려받을 수도 있지만 최근 깡통전세 이슈가 커지면서 당연히 돌려받는 돈이라 생각했던 보증금을 잃는 사례가 점점 많아지고 있다. 그렇다면 어떻게 해야 내 보증금을 잘 지킬 수 있을까?

확정일자와 전입신고

전세나 월세로 살게 될 때는 임대인과 임대차계약을 한다. 이때 임차인으로서 남의 집을 빌려 거주한다면 확정일자와 전입신고는 보증금을 잃지 않기 위해 꼭 챙겨야 한다. 임대차계약이 진행되는 과정은 다음과 같다.

🖐 임대차계약의 진행 과정

① 임대차계약서 작성하기(+보증금의 10%인 계약금 송금하기)

② 주민센터에서 주택임대차 신고하기(+주민센터에서 확정일자 받기)

③ 입주하기(+보증금의 90%인 잔금 송금하기, 주민센터에서 전입신고하기)

④ 등기부상 근저당이 있는 집이면 선순위 근저당이 말소되었는지 확인하기

확정일자는 임대차계약서를 작성하고 주택임대차 신고_{161쪽 참조}를 할 때 주민센터에서 같이 받으면 되고, 전입신고는 보통 입주하는 날 잔금까지 송금한 뒤 진행한다. 확정일자와 전입신고는 다음과 같은 의미를 가지고 있다. 참고로 확정일자 받기와 전입신고는 온라인으로도 가능하며 자세한 방법은 162쪽에서 설명했다.

확정일자	계약서가 해당 날짜에 작성됐다는 것을 증명해 보증금의 증거로 활용
전입신고	이 날부터 거주한다는 의미

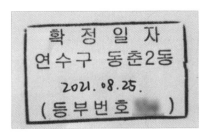

임대차계약을 한 뒤부터 입주까지 임차인은 이 2가지 미션을 완료해야 안전한 울타리 안에 들어오게 된다. 대항력이라는 울타리가 생기는 것이다. 임차인이 1순위로 대항력을 갖게 되면 이후 임대인이 은행에서 빌린 돈을 못 갚아 집이 경매로 나온다고 해도 임차인은 은행보다 먼저 보증금을 돌려받을 수 있다. 대항력과 우선변제권에 대한 자세한 내용은 Chapter 5-4에서 다뤘으니 여기서는 간단하게만 알아두자.

깡통전세가 걱정된다면

깡통전세 부동산으로 전세 사기를 당했다는 기사가 최근 들어 많이 들린다. 깡통전세의 의미를 제대로 알면 이런 피해를 줄일 수 있다.

깡통전세란?

통상 부동산의 전세가가 매매가의 80% 이상인 경우를 깡통전세라고 이야기한다. 심지어는 전세가가 매매가보다 더 높은 경우도 있다. 이런 경우는 무엇이 문제일까? 집주인인 임대인의 입장을 들어보자.

"집을 샀는데, 전세가가 매매가랑 똑같네?
은행에서 잠깐 돈을 빌려 집을 사서 바로 전세 임차인과 계약하면?
내 돈 한 푼 없이 집을 살 수 있겠어!"

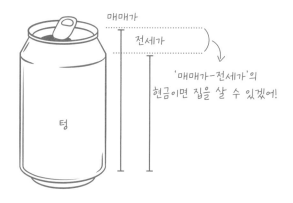

매매가와 전세가 차이가 거의 없거나 오히려 매매가보다 전세가가 높은 상황이다. 이렇게 자신의 돈을 조금 또는 거의 들이지 않고 임차인의 보증금으로 산 집은 텅 빈 깡통과 같다고 해서 소위 깡통전세라고 부른다.

깡통전세일수록 임차인이 피해를 입을 가능성이 높기 때문에 주의해야 한다. 자신의 돈을 들이지 않고 집을 살 수 있다면 같은 방식으로 연달아 수십 채를 매매하는 것이 가능해진다. 여분의 자금 없이 무자비하게 투자한 임대인을 만난 임차인은 어떻게 될까? 특히 부동산 침체기에 전세가 하락과 함께 역전세가 발생하면 임대인은 2년의 계약 기간이 만료된 임차인에게 전세 보증금을 돌려주지 못하게 된다. 이렇게 계약이 만료된 임차인이 하나 둘 늘어나면서 임대인이 임차인들에게 돌려줘야 할 전세 보증금의 액수가 점점 늘어나고 이를 돌려주지 못해 결국 집이 경매에 나오게 되는 것이다.

깡통전세와 역전세의 차이점은?

깡통전세는 매매가와 전세가의 차이가 거의 없거나 오히려 매매가보다 전세가가 높은 것을 말한다. 반면 역전세는 현재 전세가와 과거 전세가를 비교한 것으로, 현재 전세가 시세가 기존 임차인과 계약했던 과거 전세가보다 낮아진 상황을 말한다. 만약 기존 임대차계약이 만료된 시점에 전세가가 하락했다면 임차인은 기존 전세가를 유지하지 않고 낮아진 전세가로 재계약을 하려고 할 것이다. 결국 임대인은 낮아진 전세 보증금만큼을 임차인에게 돌려줘야 하는 상황이 된다.

깡통전세 피해를 예방하는 방법

깡통전세 피해를 예방하기 위한 방법은 2가지가 있다. 첫 번째는 전세로 입주할 주택의 시세를 파악해 전세가가 매매가의 70%를 넘지 않는 주택을 찾는 것이 좋다. 하지만 실제로는 전세 수요가 많은 지역의 경우 매매가의 80~90%까지도 전세 거래가 이뤄지기 때문에 어려운 점이 있다. 만약 이런 주택에 전세로 입주해야 한다면 깡통전세 피해를 줄이기 위한 두 번째 방법이 필요하다. 전세보증보험에 가입하는 것이다.

전세보증보험에 꼭 가입해야 할까?

건강보험은 대부분의 사람들이 필수로 가지고 있을 것이다. 우리가 보험에 가입할 때는 질병에 걸릴 것을 미리 알고 가입하지 않는다. 미래에 일어날 수 있는 만일의 상황을 대비하는 것이 보험이다. 전세보증보험에 가입하는 이유도 동일하다. 보통은 전세 보증금을 제때 돌려받는 임차인이 많지만 임대인으로부터 보증금을 돌려받지 못하거나 전세 사기 등을 당할 혹시 모를 경우를 대비해 보험에 가입한다. 뉴스에 깡통전세, 역전세가 많이 나오는 시기에는 임대차계약을 하는 임차인도 덩달아 불안해진다. 보증금을 돌려받지 못할 수도 있다는 불안감에 전세보증보험에 대한 수요가 급격히 증가한다.

전세보증보험의 종류는?

국가에서 보증하는 전세보증보험의 종류에는 3가지가 있으며 각각의
사이트에서 상세 조건과 가입 방법을 소개하고 있다.
 - HF 한국주택금융공사(www.hf.go.kr) '전세지킴보증'
 - HUG 주택도시보증공사(www.khug.or.kr) '전세보증금반환보증'
 - SGI 서울보증(www.sgic.co.kr) '전세금보장신용보험'

그렇다면 전세 임차인은 전세보증보험에 꼭 가입해야 할까? 먼저
전세보증보험에 가입하는 이유를 명확히 해야 한다. 대부분의 사람
들은 전세보증보험 가입 여부를 고민할 때 '더 안전하게 계약할 수
있는 방법이 뭘까?'를 고민한다. 하지만 전세보증보험 가입 여부를
결정할 때 가장 중요한 포인트는 '내가 보증금을 언제쯤 돌려받을
수 있을까?'다. 보증금을 돌려받는 시기가 핵심인 것이다.

결론부터 말하면, 전세보증보험을 가입한 임차인이 보증금을 더
빨리 돌려받을 확률이 크다. 보험에 가입하지 않은 사람은 임대인
이 보증금을 돌려줄 때까지 또는 경매 절차가 종료될 때까지 기다려
야 하기 때문이다. 보증금을 돌려받기 위해 오랜 시간 기다릴 수 없
거나 기다리기 싫다면 전세보증보험에 가입하길 추천한다. 하지만
보증보험 반환 신청 조건도 꽤나 까다롭기 때문에 승인이 나지 않을
가능성도 염두에 둬야 한다. 다음의 예시를 통해 자세히 알아보자.

임차인이 이사를 가기 위해 임대인으로부터 전세 보증금을 돌려
받아야 하는 상황이다. 하지만 임대인과 연락이 두절된 상태라면 어

떻게 해야 할까?

전세보증보험에 가입한 임차인

임대인이 전세 보증금을 돌려주지 않는다면 계약 기간 종료 뒤 1개월이 지난 시점부터 임차인은 보증보험 반환 신청을 할 수 있다. 먼저 임차인은 임차권등기명령을 마친 뒤 보증보험 반환 신청이 가능하다. 법원에 임차권등기명령을 신청하면 해당 부동산의 등기부에 임차권이 설정된다. 임차권은 해당 부동산에 대한 임차인의 권리를 지켜주는 장치이기 때문에 임차권이 설정되기 전까지 임차인은 다른 집으로 이사를 가거나 전입신고를 해서는 안 된다. 만약 임차인이 계약을 종료하고 싶다는 의사 표시를 문자메시지나 전화로 했지만 임대인의 답변이 없다면 법원의 의사표시 공시송달을 통해 임대차계약 만료 6~2개월 전까지 2020년 12월 10일 이후 최초 계약 또는 갱신된 계약 임차인의 계약 해지 의사가 임대인에게 도달돼야 한다. 순서를 정리하면, 임차인은 '임대인에게 계약 해지 의사 전달 및 서류로 남기기→법원에 임차권등기명령 신청하기→계약 기간 종료 1개월 뒤 보험사에 보증보험 반환 신청하기'를 해야 한다. 그리고 최종적인 보증금 반환은 해당 집에서 임차인이 퇴거했을 때 입금된다.

전세보증보험에 가입하지 않은 임차인

새로운 임차인이 들어온다면 보증금을 돌려받을 수도 있다. 하지만 이것이 어려운 상황이라면 임차인은 법원에 임차권등기명령을 신청하거나 해당 부동산을 경매로 넘길 수 있다. 보증금을 돌려받기 위해 경매를 신청했다면 임차인은 낙찰금에서 보증금을 배당받게 된다.

임차권이란?

임차권은 쉽게 말해 임차인이 자신의 분신을 만들어놓고 마음 편히 이사를 갈 수 있게 해주는 장치다. 임차인이 보증금을 돌려받을 권리인 대항력은 전입신고와 동시에 그 집에 거주하고 있어야 효력이 유지된다. 하지만 임차인이 급하게 이사를 가야 할 상황이라면 해당 집에 거주할 수 없기 때문에 대항력의 효력을 잃게 된다. 이럴 경우 임차권등기명령 신청을 통해 분신술을 한 것처럼 이전 집에서도 권리를 유지할 수 있다. 임차권은 법원에 임차권등기명령을 신청하면 해당 부동산의 등기부 을구에 표시된다. 따라서 임차권을 설정하면 임대인이 기존 임차인에게 보증금을 돌려주지 않았다는 사실을 등기부를 통해 새 임차인 또는 매수자가 알 수 있다. 임차권의 효력은 다음과 같다.
- 이전 주택에서의 전입신고 효력 유지
- 이전 주택에서의 확정일자 효력 유지
- 경매가 진행될 경우 : 자동으로 배당 요구 신청

【 을 구 】		(소유권 이외의 권리에 관한 사항)		
순위번호	등 기 목 적	접 수	등 기 원 인	권리자 및 기타사항
3	주택임차권	2020년 11월 23일 제264552호	2020년 10월 15일 서울남부지방법원의 임차권등기명령	임차보증금 금210,000,000원 차 임 없음 범 위 건물전부 임대차계약일자 2018년 4월 17일 주민등록일자 2018년 4월 30일 점유개시일자 2018년 4월 30일 확정일자 2018년 4월 20일 임차권자 박ㅇㅇ-****** 서울특별시 구로구 남부순환로

임차권등기명령 신청 방법

임차권등기명령은 해당 부동산의 관할 지방법원에 직접 방문하거나 '대한민국 법원 전자소송(ecfs.scourt.go.kr)' 사이트에서 신청할 수 있으며 신청 시 필요한 서류는 다음과 같다.

- 임대차계약서
- 임차인 세대주 주민등록등본
- 임대차계약 종료에 관한 증빙 내용(내용증명, 문자메시지 내역 등)
- 등기부등본

2

전월세 보증금도 대출이 가능하다?

　은행은 손해 보는 것을 싫어한다. 그래서 은행에서 대출을 받으려면 '나는 돈을 갚을 수 있는 사람이야'라는 신뢰를 줘야 한다. 주택담보대출은 대출자가 소유한 주택을 담보로 대출을 해주기 때문에 대출자가 돈을 갚지 못할 경우 은행이 해당 주택에 경매를 신청해 빌려준 돈을 회수한다. 하지만 전세 보증금 대출은 임차인에게 빌려주는 돈이기 때문에 담보로 잡을 주택이 없다. 따라서 은행이 임차인에게 전세 보증금 대출을 해줄 때는 둘 사이에 보증 기관^{HF 한국주택}금융공사, HUG 주택도시보증공사, SGI 서울보증 등이 개입해 '이 사람은 전세 보증금 대출을 해줘도 된다'라는 보증서를 발급해준다. 임차인은 이 과정을 거쳐야 은행에서 전세 보증금 대출을 받을 수 있다.

　전세 보증금 대출은 크게 2가지로 나눌 수 있다. 기금재원대출과 은행재원대출이다. 기금재원대출은 국민주택기금을 바탕으로 국가에서 운영하는 대출 상품이고, 은행재원대출은 시중 은행에서 운영하는 대출 상품이다. 보통 기금재원대출의 경우 가입 조건이 까다롭지만 금리가 낮은 편이다. 따라서 어떤 대출 상품을 신청해야 할지 고민이라면 기금재원대출을 먼저 알아보자. 다음 내용은 기금재원대출의 종류와 조건을 간략히 정리한 내용이다.

중소기업취업청년 전월세보증금대출

① 대출 대상

부부 합산 연소득 5천만 원 이하_{외벌이 3천 500만 원 이하}, 순자산가액 3억 6천 100만 원 이하 무주택 세대주_{예비 세대주 포함}, 중소·중견기업 재직자 또는 중소기업진흥공단·신용보증기금 및 기술보증기금의 청년창업 지원을 받고 있는 자 중 만 19세 이상~만 34세 이하 청년_{만 19세가 되는 해}

의 1월 1일 맞이한 미성년자 포함, 병역의무를 이행한 경우 복무 기간에 비례해 자격 기간을 연장하되 최대 만 39세까지 연장

② 대출 금리 / 대출 한도 / 대출 기간

연 1.2% / 최대 1억 원 이내 / 최초 2년_{4회 연장, 최장 10년 이용 가능}

청년전용 보증부월세대출

① 대출 대상

부부 합산 연소득 5천만 원 이하, 순자산가액 3억 6천 100만 원 이하 무주택 단독 세대주^{예비 세대주 포함}, 만 19세 이상~만 34세 이하 청년

② 대출 금리 / 대출 한도 / 대출 기간

보증금 연 1.3%, 월세금 연 0%^{20만 원 한도} 또는 1%^{20만 원 초과} / 보증금 최대 3천 500만 원 이내, 월세금 최대 1천 200만 원^{월 50만 원 이내} / 25개월^{4회 연장, 최장 10년 5개월 이용 가능}

청년전용 버팀목전세자금

① 대출 대상

부부 합산 연소득 5천만 원 이하, 순자산가액 3억 6천 100만 원 이하 무주택 세대주^{예비 세대주 포함}, 만 19세 이상~만 34세 이하의 세대주^{예비 세대주 포함}

② 대출 금리 / 대출 한도 / 대출 기간

연 1.5~2.1% / 최대 2억 원 이내^{임차 보증금의 80% 이내} / 최초 2년^{4회 연장, 최장 10년 이용 가능}

버팀목전세자금

① 대출 대상

부부 합산 연소득 5천만 원 이하, 순자산가액 3억 6천 100만 원

이하 무주택 세대주

② 대출 금리 / 대출 한도 / 대출 기간

연 1.8~2.4% / 수도권 1억 2천만 원, 수도권 외 8천만 원 이내 / 2년4회 연장, 최장 10년 이용 가능

신혼부부전용 전세자금

① 대출 대상

부부 합산 연소득 6천만 원 이하, 순자산가액 3억 6천 100만 원 이하 무주택 세대주 신혼부부혼인 기간 7년 이내 또는 3개월 이내 결혼 예정자

② 대출 금리 / 대출 한도 / 대출 기간

연 1.2~2.1% / 수도권 3억 원, 수도권 외 2억 원 이내임차 보증금의 80% 이내 / 2년4회 연장, 최장 10년 이용 가능

전월세 대출을 받을 수 있는 최신 조건과 신청 정보를 알아볼 수 있는 대표적인 곳은 '주택도시기금nhuf.molit.go.kr' 사이트다. 대출이 필요하다면 확인해보자.

집을 계약하고 대출을 알아봐야 할까, 대출을 알아보고 집을 계약해야 할까?

대출은 계약 전후 언제 알아보는 것이 좋을까? 임대차계약을 한 뒤 생각한 금액만큼 은행에서 대출을 받지 못한다면 난감해질 수 있다. 원하는 집이 있다면 해당 부동산의 등기부등본과 본인의 소득 증명 자료를 은행에 가져가 대출 상담을 받아보는 것이 우선이다. 적절한 금액을 대출받을 수 있다면 그때 중개사무소를 방문해 계약하면 된다.

전세 보증금 대출을 받았는데, 대출금이 내 계좌로 입금되지 않는다?

일반적으로 임차인이 은행에서 전세 보증금 대출을 받으면 은행은 대출금을 임차인이 아닌 임대인의 계좌로 송금한다. 또한 만기가 되어 은행에게 대출금을 돌려줄 때도 마찬가지로 임대인이 은행으로 송금하는 게 일반적이다. 이는 임차인이 전세 보증금을 가지고 잠적하는 혹시 모를 상황을 예방하기 위해서다. 하지만 대출 상품마다 다를 수 있으니 은행에서 대출 상담 통해 정확히 확인해보자.

3

부동산 임대차계약서 작성하기
A to Z

계약서 작성 전 확인해야 할 사항들

주택 임대차계약서를 처음으로 작성한다면 공인중개사의 손짓에 따라 서명을 하거나 도장 찍기에도 정신이 없을 것이다. 하지만 도장을 찍기 전에 반드시 확인해야 하는 서류와 사항들이 있다.

보증보험 가능 여부

보증보험에 가입하고자 한다면 사전에 보증보험이 가능한 주택인지 확인해야 한다. 종종 보증보험이 불가능한 집들이 있는데, 공인중개사나 임대인에게 그 이유를 상세히 물어보는 것이 좋다. 참고로 보증보험 가입이 불가능한 대표적인 경우 2가지는 보증금이 보증보험 가입 가능 금액을 초과하거나 계약하려는 부동산에 문제가 있는 경우다.

대출 가능 여부

보증금 대출을 받아야 한다면 사전에 은행을 방문해 대출이 가능한지 확인해보자. 물론 임대차계약서가 있어야 본격적인 대출 심사가 진행되지만 각 은행의 비대면 서비스를 통해 간단히 조회하기도 가능하다. 그리고 실제 임대차계약을 진행할 때는 은행에서 보증금 대출이 되지 않을 경우를 대비해 "대출이 불가능한 경우 당일 계약금을 모두 반환한다"라는 내용의 특약을 임대차계약서에 추가하면 좋다.

등기부

등기부에서는 크게 3가지를 살펴봐야 한다. 첫 번째는 표제부의 주소다. 계약하고자 하는 주택의 등기부상 주소와 임대차계약서상 주소가 일치하는지 확인해야 한다. 두 번째는 갑구의 최종 소유자다. 계약하고자 하는 상대방과 갑구의 최종 소유자가 일치하는지 확인해야 한다. 소유자가 아닌 사람도 임대를 할 수 있지만 그런 상황은 극히 드물다. 하지만 작은 가능성이라도 있다면 재차 확인하는 것이 좋다. 만약 소유자가 아닌 대리인과 계약하는 경우라면 대리인의 신분증, 소유자의 인감증명서와 위임장 원본을 반드시 확인해 현재 본인과 계약하는 상대방이 소유자의 대리인임을 확실히 해야 한다. 마지막으로 담보대출의 유무를 알 수 있는 을구의 근저당을 확인해야 한다. 근저당 금액과 보증금을 합한 금액이 해당 주택의 시세를 초과한다면 깡통주택으로 보증금을 돌려받지 못하는 피해를 입을 수도 있다.

건축물대장

건축물대장은 건축물에 대한 정보를 알려주는 서류다. 건축물대장에서는 해당 건축물의 용도를 확인해야 하는데, 종종 주택·빌라·아파트·오피스텔이 아닌 근린생활시설로 나타나는 경우가 있다. 이런 경우는 건축물이 만들어진 목적이 주거용이 아닌 상업용인 것이다. 상업용 공간에 주거를 하면 당연히 불법이다. 따라서 임차인이 거주하는 것도 불법이며 은행에서 보증금 대출을 받을 수도 없고 보증보험 가입도 불가능하다. 만약 임차인 거주 사실이 구청에 발각되면 임대인은 매년 이행강제금이라는 과태료를 내야 한다.

가계약금 반환 명시

가계약금이란 본계약 전에 다른 사람에게 해당 부동산을 뺏기지 않기 위해 임차인이 임대인에게 송금하는 계약금의 일부를 가리킨다. 그런데 본계약으로 이어지지 않을 경우 임대인이 임차인에게 가계약금을 돌려줘야 하는지, 돌려주지 않아도 되는지에 대한 다툼이 자주 발생한다. 따라서 임대인에게 가계약금을 송금하기 전에 "○○월 ○○일까지 본계약이 체결되지 않을 경우 가계약금을 즉시 임차인에게 반환한다"라는 내용을 사전에 이야기하는 것이 좋다. 계약서를 작성하기 전이므로 특약으로 삽입할 수도 없는 상황이니 공인중개사를 통해 임대인에게 해당 내용을 전달하고 문자메시지로 증거를 남겨달라고 말하면 된다.

주택의 현 상태

임대차계약서의 90% 이상은 "현 상태에서 임대한다"라는 내용의 문구가 첨부돼있다. 따라서 임차인이 집을 꼼꼼히 살펴보지 않고 계약한다면 입주하자마자 소모품 교체 등의 애매한 문제가 발생할 수 있다. 따라서 집에 있는 모든 기기가 정상적으로 작동하는지, 수도에는 문제가 없는지 등을 직접 살펴봐야 한다. 또한 기존에 있던 하자는 꼭 사진을 찍어 임대인에게 보내 원래 있던 하자라고 명시해야 한다. 임대차계약 종료 뒤 없던 하자가 발생했을 경우 임대인이 임차인에게 변상을 청구하는 경우가 있기 때문이다. 또한 추가로 어떤 옵션들이 있는지 계약서에 명확하게 작성하는 것이 좋다.

계약 시 알고 있어야 할 서류들

임대차계약을 하는 순간 다양한 서류에 서명을 하게 된다. 어떤 서류에 서명하고 있는지도 모른 채 공인중개사가 하라는 곳에 서명만 했던 경험이 있을 것이다. 이제부터는 본인이 어떤 서류에 서명하고 있는지 확실히 알고 서명하자.

임대차계약서

임대차계약서는 부동산 중개사무소에서 흔히 사용하는 양식이 있고 국가에서 제공하는 표준임대차계약서가 있다. 표준임대차계약서는 무조건 사용해야 하는 것은 아니며 표준이니 참고하라는 의미다. 표준임대차계약서의 전체 양식은 230쪽에 실었으며 그중 중요한 몇 가지 항목만 살펴보자.

① 임대차계약의 종류가 전세인지 월세인지 표시한다.

② 임대인과 임차인의 상호 이름을 적어 계약의 시작을 알린다.

③ 임차하는 주택의 현황으로, 어디 있는 건물에 얼마만큼의 면적을 임차해 사용하는지 작성한다.

④ 임차하는 부분을 동, 층, 호로 구분해 상세히 작성한다.

⑤ 신규 계약인지, 재계약인지, 갱신계약인지 표시한다.

⑥ 임대인이 미납한 세금이 있는지 확인하는 절차다.

⑦ 한 건물에 임차인이 여러 명 있는 경우 작성한다. 차후 경매 진행

시 배당 순위를 판단하기 위한 절차다.

⑧ 확정일자 도장을 받는 란이다.

⑨ 계약금, 중도금, 잔금과 보증금, 월세금, 관리비 등 임차인의 지출과 관련된 모든 금액과 지불일을 작성한다.

⑩ 임대인의 인적 사항을 작성한다.

⑪ 임차인의 인적 사항을 작성한다.

⑫ 공인중개사의 인적 사항과 중개사무소에 대한 정보를 작성한다.

계약서에 작성되는 문구는 하나하나가 모두 책임이다. 본인이 어떤 책임을 지게 되는지 모른 채 서명을 한다면 큰 손해가 발생할 수도 있다. 따라서 공인중개사가 대충 서명해도 된다고 해도 계약서를 꼼꼼히 읽어보고 원하는 특약이 있으면 추가해야 한다. 집을 둘러본 당일 계약서를 작성한다면 생각이 나지 않을 수도 있으니 미리 특약사항을 정리해놓고 공인중개사에게 기재를 요청하면 된다.

중개사무소에서 작성하는 임대차계약서는 대부분 단일 장수로 구성돼있고 공인중개사, 임대인, 임차인이 각각 보관할 수 있도록 총 3통을 작성한다. 해당 계약서가 동시에 작성됐다는 의미이며 더불어 계약서 조작을 방지하기 위해 간인을 한다. 종잇장 사이에 서명하는 간인은 같은 서류가 2통 이상인 경우에 한다.

주택임대차 신고제(전월세 신고제)란?

임대차 시장의 실거래 정보 투명성을 위해 시행되는 부동산거래신고법 제도다.
- 시행 일자 : 2021년 6월 1일
- 신고 대상 : 전국(도 관할 군 지역 제외) 주택임대차 거래 중 보증금 6천만 원 또는 월 임대료 30만 원 초과 계약
- 신고 내용 : 임대인과 임차인 정보, 임대료, 계약 기간의 계약 내용
- 신고 기간 : 계약 체결일로부터 30일 이내
- 신고 방법 : 해당 부동산 소재지 주민센터 또는 온라인 신고
- 과태료 : 거짓 신고 또는 미신고 시 100만 원(계도 기간 이후)
- 계도 기간 : 2021년 6월 1일부터 2023년 5월 31일까지

온라인으로 주택임대차 신고하는 방법

'부동산 거래 관리 시스템(rtms.molit.go.kr)' 사이트에서 주택임대차 신고가 가능하다. 주택임대차 신고를 하면 확정일자는 자동으로 부여된다. 따라서 이사 전 주택임대차 신고를 한 사람은 별도로 확정일자를 받을 필요 없이 이사 당일 전입신고만 하면 된다. 참고로 실거래 신고내역은 '국토교통부 실거래가 공개시스템(rt.molit.go.kr)' 사이트에서 조회해볼 수 있다.

계약금 영수증 / 중도금 영수증 / 잔금 영수증

적은 돈이라도 영수증은 꼭 받아야 한다. 영수증은 임대인이 돈을 받았다는 증빙이기 때문에 차후 분쟁이 발생할 경우 꼭 필요하며 은행에서 보증금 대출을 받는 경우에도 필요한 서류다. 영수증은 보통 돈을 받는 사람인 임대인만 작성한다. 임대인은 2통의 영수증에 각각 서명하고 간인을 한 뒤 임대인과 임차인이 1통씩 나눠 갖는다.

[영수증 예시]

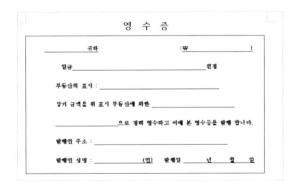

중개대상물확인설명서

중개대상물확인설명서232쪽 참조는 중개를 진행한 공인중개사가 해당 부동산의 상세 정보인 권리관계·입지 조건·관리에 관한 사항·거래 예정 금액·부담해야 하는 세금 등에 관한 것과 내외부 시설 상태·벽면 및 바닥·중개 보수 등의 전반적인 사항을 작성한 것으로, 임대인과 임차인이 알아야 하는 부동산에 대한 세부 내역이다. 임차인이 알아야 하는 중요한 내용들이 포함돼있으므로 공인중개사가 설명할 때 잘 들어야 한다. 만약 중개대상물확인설명을 해주지 않거나 중개대상물확인설명서가 없다면 공인중개사는 벌금 등의 처벌을 받는다.

보증금을 지키는 임대차계약

계약한 집이 경매로 나왔다고 해서 모든 임차인이 보증금을 잃는 것은 아니다. 임차인이 자신의 권리를 지키기 위한 조치를 미리 해놓았다면 집이 경매로 나와도 보증금을 지킬 수 있다. 그렇다면 소중한 보증금을 지키기 위해 어떻게 울타리를 치면 될까?

⬚ 보증금을 지키는 방법

… 확정일자 받기와 전입신고 하기

… 공인중개사와 선순위 근저당 금액 확인하기

⋯   계약서에 특약 사항 기재하기

⋯   임대인의 세금 납부 여부 확인하기

확정일자 받기와 전입신고 하기

확정일자는 임대차계약서를 작성한 당일 해당 부동산 소재지의 주민센터나 온라인으로 주택임대차 신고를 하면 자동으로 부여된다. 또는 해당 부동산 소재지의 주민센터나 대법원 인터넷등기소 사이트에서 확정일자만 별도로 받을 수도 있다. 주민센터에서 확정일자를 받을 경우에는 임대차계약서 원본과 세대주인 임차인 본인의 신분증을 가지고 가야 한다. 전입신고는 이사 당일, 즉 입주하는 날 해당 부동산 소재지의 주민센터나 정부24 사이트에서 할 수 있다. 주민센터에서 전입신고를 할 경우 임차인 본인이 한다면 본인 신분증과 임대차계약서 원본을 가지고 가야 한다.

공인중개사와 선순위 근저당 금액 확인하기

전세 계약의 경우 임차인의 보증금보다 해당 부동산의 등기부에 이미 잡혀 있는 근저당 금액이 더 크다면? 임대인이 임차인의 보증금으로 대출을 갚는다 해도 임차인이 1순위가 되지 못한다. 즉, 이런 상태에서 부동산이 경매로 나온다면 낙찰금에서 선순위 근저당에 먼저 배당되고 임차인은 남은 금액만 돌려받을 수 있다. 그렇기 때문에 임차인의 보증금보다 근저당 금액이 커서는 안 된다. 월세 계약의 경우 보증금이 소액이기 때문에 임차인의 보증금으로 선순위 근저당 금액을 모두 갚을 수 없을 가능성이 높다. 이때는 등기부에서 '선순위 근저당 금액+보증금 < 주택 가격'인지를 확인해야 한다. 하지만 이것도 100% 안전하다고 볼 수는 없다. 부동산이 경매로 나왔을 때 계약 당시의 주택 가격으로 낙찰된다는 가정하에 안전한 것이니 말이다. 그래서 국가에서는 보증금이 소액인 임차인을 보호하기 위한 제도를 운영하고 있다. 보증금의 범위에 따라 무조건 돌려받을 수 있는 최우선변제금액을 정해둔 것이다. 지역과 보증금의 범위에 따라 달라지며 Chapter 3-4에서 설명한 소액임차인의 범위와 최우선변제금액을 참고하자. 추가로, 임차하고자 하는 부동산의 말소된 내역까지 포함해 등기부등본을 발급해서 확인하는 것이 좋다. 이전 말소 내역에서 임차권등기명령 유무를 확인한다면 더 안전한 거래가 될 수 있다. 임차권등기명령이 있던 집은 과거 임차인에게 보증금을 돌려주지 않았던 이력이 있는 임대인이라는 의미이기 때문에 주의해야 한다.

온라인으로 등기부 확인하는 방법

부동산의 매매계약이든 임대차계약이든 등기부는 기본적으로 공인중개사가 발급받아 계약 전에 확인한다. 하지만 공인중개사가 아니더라도 누구나 우리나라 모든 부동산의 등기부를 열람 및 발급받을 수 있다. 온라인으로는 '대법원 인터넷등기소' 사이트에서 유료로 확인이 가능하다.

계약서에 특약 사항 기재하기

"임차인의 대항력 효력이 발생할 때까지
임대인은 매매나 근저당권 설정 등을 하지 않는다."

임대차계약서에 특약 사항으로 꼭 넣어야 하는 문장이다. 그 이유를 알아보자.

임차인이 임대인에게 권리상 우위가 될 수 있게 해주는 힘인 대항력은 언제 생기는 걸까? 대부분의 임차인은 이사한 날, 즉 입주한 날 전입신고를 한다. 하지만 대항력은 전입신고한 당일이 아닌 그 '다음 날' 생긴다. 이는 임차인에게 불리한 허점을 만든다. 계약서 작성 시점부터 전입신고한 다음 날 0시까지 임차인은 대항력이 없기 때문에 그 사이에 임대인이 해당 부동산을 담보로 대출을 받아도 임차인은 모를 수 있다. 그래서 계약할 때, 중도금을 내기 전, 잔금을 내기 전, 각각 한 번씩 등기부를 재차 확인해보는 것이 좋다. 또한 임차인의 보증금으로 선순위 근저당을 말소하는 조건으로 계약했다면 잔금을 지불한 뒤 등기부에서 근저당이 없어진 것까지 꼭 확인해야 한다.

등기부의 어디에서 근저당을 확인해야 할까?

등기부 을구에는 소유권 외의 사항이 기재된다. 임대인이 해당 부동산을 담보로 대출을 받았다면 을구에서 근저당을 찾아볼 수 있다. 근저당 금액이 보증금보다 크다면 임차인의 보증금으로도 말소가 되지 않기 때문에 주의해야 한다.

【 을　　구 】		(소유권 이외의 권리에 관한 사항)		
순위번호	등 기 목 적	접 수	등 기 원 인	권리자 및 기타사항
4	근저당권설정	2020년1월17일 제10166호	2020년1월17일 설정계약	채권최고액　금115,500,000원 채무자　최○○ 　경기도 부천시 경인로 ○○○○ 근저당권자　○○○○○○은행 　서울특별시 중구 ○○○○○
5	근저당권설정	2021년5월4일 제79590호	2021년5월3일 설정계약	채권최고액　금60,000,000원 채무자　최○○ 　경기도 부천시 경인로 ○○○○ 근저당권자　○○○○○○주식회사 　경기도 광명시 ○○○○○○

임대인의 세금 납부 여부 확인하기

전세 사기 피해가 많아지면서 임차인이 임대인의 세금 미납 여부를 확인할 수 있게 됐다. 임차인이 임대인에게 국세/지방세 완납증명서를 요구할 수 있는 것이다. 그렇다면 왜 임대인의 세금까지 확인해야 할까? 등기부 을구에 임차인보다 선순위 근저당이 없는데도 보증금을 완전히 돌려받지 못하는 경우가 있기 때문이다. 바로 임대인의 세금 미납이 문제가 되는 경우다. 경매 절차상 낙찰자가 입찰한—법원에 써낸—금액은 채권자^{돈을 빌려준 사람}가 순위대로 나눠 갖는다. 선순위 근저당이 없는 경우라면 임차인이 1순위이기 때문에 가장 먼저 배당받는다. 하지만 임차인이 확정일자를 받기 이전에 임대인이 미납한 세금이 있다면? 이야기가 달라진다. 세금이 먼저 배당을 받게 된다. 이것을 당해세라고 한다. 해당 부동산에 대한 국가에 내야 하는 세금^{재산세, 종합부동산세, 상속세 등}에 먼저 배당되기 때문에 만약 너무 많은 세금이 미납돼있다면 그 금액만큼의 보증금을 돌려받지 못할 수 있다.

보증금 액수가 큰 전세 계약을 할 때 위 4가지만 잘 지켜도 안전한 계약을 체결할 수 있다. 여기까지의 내용을 꼭 기억해두고 소중한 보증금을 돌려받지 못하는 일이 발생하지 않도록 대비하자.

4

소액임차인이라면 집중하자!

임차인에게 있어 최악의 상황은 무엇일까? 보증금을 내고 빌려서 거주하던 집이 경매로 넘어가는 것이다. 임대인이 부동산을 담보로 빌린 돈을 갚지 못해 경매로 나오는 경우가 대부분이고, 이런 경우 임차인은 보증금을 언제, 얼마나 돌려받을 수 있을지 모르기 때문이다. 해당 부동산이 경매에서 낙찰되면 법원은 낙찰금으로 임대인으로부터 돈을 돌려받아야 하는 사람들에게 나눠준다. 이 과정을 배당이라고 한다. 배당의 가장 중요한 원칙은 돈 받을 순서에 따라 지급하는 것이다. 임차인이 1순위라면 보증금을 모두 돌려받을 확률이 높지만 순서가 뒤로 밀릴수록 확률은 낮아진다. 최악의 경우 보증금을 한 푼도 돌려받지 못할 수도 있다.

그래서 우리나라에는 임차인을 보호하기 위한 최우선변제라는 제도가 있다. 지역별로 보증금이 일정 금액 이하인 임차인을 대상으로 최소한의 금액을 정해 먼저 돌려받을 수 있도록 한 것이다. 하지만 모든 임차인이 해당되는 것은 아니며 소액임차인 최우선변제 조건 과 기준에 맞아야 한다.

소액임차인 최우선변제 조건

혹여나 임차해 거주하던 집이 경매로 나오게 될 경우 3가지 조건 을 만족해야 최우선변제를 받을 수 있다. 외울 필요는 없지만 알아 두면 더 안전한 부동산 거래를 할 수 있다. 소액임차인 최우선변제 조건은 지역에 상관없이 동일하다.

- 임차인은 경매개시등기217쪽 참조 이전까지 해당 부동산에 실거주하 며 전입신고를 해야 하고 배당요구종기일217쪽 참고까지 이를 유지해 야 한다.
- 임차인은 배당요구종기일까지 배당 요구를 해야 한다.
- 최우선변제금액이 주택 가격의 1/2을 초과하는 경우 주택 가격의 1/2에 해당하는 금액만 변제받을 수 있다.

소액임차인 최우선변제 기준과 금액

소액임차인 최우선변제 조건을 만족했다면 소액임차인의 명확한 기준과 최우선변제금액을 알아보자. 다음 표는 서울시의 소액임차인 기준과 최우선변제금액이다. 표를 바탕으로 3가지 기준을 하나씩 살펴보자.

[서울특별시의 소액임차인 보증금 범위와 최우선변제금액]

지역	기준 시점	보증금 범위	최우선변제금액
서울특별시	1990년 2월 19일 ~	2천만 원 이하	700만 원
	1995년 10월 19일 ~	3천만 원 이하	1천 200만 원
	2001년 9월 15일 ~	4천만 원 이하	1천 600만 원
	2008년 8월 21일 ~	6천만 원 이하	2천만 원
	2010년 7월 26일 ~	7천 500만 원 이하	2천 500만 원
	2014년 1월 1일 ~	9천 500만 원 이하	3천 200만 원
	2016년 3월 31일 ~	1억 원 이하	3천 400만 원
	2018년 9월 18일 ~	1억 1천만 원 이하	3천 700만 원
	2021년 5월 11일 ~	1억 5천만 원 이하	5천만 원
	2023년 2월 14일 ~	1억 6천 500만 원 이하	5천 500만 원

(2023년 4월 기준)

지역

지역에 따라 같은 크기의 집이라도 보증금이 천차만별로 다르기 때문에 지역별로 보증금이 소액이라고 판단하는 기준도 다르다. 위 표는 서울시에 있는 부동산의 소액임차인을 판단하는 기준 시점과 보증금의 범위, 그리고 임차인이 돌려받는 최소한의 금액인 최우선 변제금액을 정리한 것이다.

기준 시점

기준 시점이라고 하면 부동산 계약일이나 이사한 날이라고 생각할 수 있다. 하지만 기준 시점은 임차인을 기준으로 한 날이 아니라 해당 부동산에 설정된 담보물권의 설정 시기다. 담보물권이란 등기부 을구에서 확인할 수 있는 저당권, 근저당권 등이다. 예를 들어 은행에서 부동산을 담보로 대출받은 날을 기준이라고 생각하면 된다. 다음은 서울시에 있는 아파트를 담보로 은행에서 받은 대출로 인해 근저당이 설정된 등기부다. 접수일인 2020년 1월 17일 바로 기준 시점이다.

[등기부 을구의 근저당권설정 등기 예시]

【 을 구 】	(소유권 이외의 권리에 관한 사항)			
순위번호	등 기 목 적	접 수	등 기 원 인	권리자 및 기타사항
4	근저당권설정	2020년 1월 17일 제10166호	2020년 1월 17일 설정계약	채권최고액 금115,500,000원 채무자 최 경기도 부천시 경인로 근저당권자 은행 서울특별시 중구

보증금 범위

앞서 2가지 기준을 확인했다. 부동산이 있는 지역은 서울시이고 기준 시점은 2020년 1월 17일이다. 마지막으로 임차인의 보증금 범위만 확인하면 최우선변제금액이 얼마인지 알 수 있다. 171쪽의 표를 보면 서울시의 2020년 1월 17일 소액임차인의 보증금 범위는 1억 1천만 원 이하다. 임차인의 보증금이 1억 1천만 원 이하인 경우 소액임차인이라는 의미다.

이 3가지 기준을 171쪽의 표에 대입해보면 임차인은 3천 700만 원까지는 먼저 돌려받을 수 있다. 즉, 부동산이 경매에서 낙찰되면 임차인은 보증금의 3천 700만 원까지는 가장 먼저 배당받을 수 있는 것이다. 지역별 소액임차인 보증금 범위와 최우선변제금액은 대법원 인터넷등기소 사이트에서 확인할 수 있으며 최우선변제금액 계산이 어렵다면 공인중개사에게 물어봐도 된다.

정당하게 주장하자!
임차인의 권리

전월세로 거주하는 임차인은 살다 보면 여러 가지 상황이 생길 수 있다. 계약 기간을 다 채우지 못하고 거주지를 옮겨야 하는 경우, 변기 수압이 너무 약하거나 전등에 문제가 생겨 수리가 필요한 경우 등 예기치 못한 상황이나 비용이 발생할 수 있다. 실생활에서 일어날 수 있는 상황들과 그때 임차인의 권리에 대해 알아보자.

CASE 1. 계약금을 송금했는데, 다른 집이 마음에 들 때

　임대인에게 이미 계약금을 송금했는데, 다른 집이 마음에 든다면 계약을 해제할 수 있을까? 임대인과 임차인이 임대차계약을 체결하고 계약금을 송금했다면 계약금은 2가지 효력이 있다. 첫 번째는 계약금은 증약금의 성질로, 계약이 체결됐다는 증거의 의미를 가진다. 두 번째는 계약금은 해약금의 성질도 가지고 있다. 계약서에는 통상 임대인의 문제가 있으면 임대인이 임차인에게 계약금을 포함해 계약금의 배액을 상환해야 하고, 임차인의 문제가 있으면 임차인은 계약금을 포기하는 것이 해약금의 효력이다. 따라서 위 질문처럼 이미 계약금을 송금했지만 다른 집이 마음에 드는 경우에는 임대인의 문제가 아닌 임차인의 단순 변심이 원인이므로 임차인은 송금한 계약금을 해약금의 의미로 포기해야 한다. 따라서 임차인은 송금한 계약금을 돌려받을 수 없다. 만약 임차인이 중도금까지 송금한 경우라면 임대인과 임차인 양쪽 모두 계약을 해제할 수 없으므로 중도금은 신중하게 송금해야 한다.

　가계약금의 경우도 계약금과 비슷한 문제가 자주 발생한다. 법적으로 해결하기보다 실무적으로 현명하게 처리하는 것이 좋다. 임대인에게 가계약금을 송금하기 전에 "○○월 ○○일까지 본계약이 체결되지 않을 경우 가계약금을 즉시 임차인에게 반환한다"라는 내용을 공인중개사를 통해 임대인에게 전달하고 문자메시지로 명시해달라고 요청하자. 말 한마디로 시간과 돈을 챙길 수 있는 방법이다.

계약 기간이 만료돼 연장하고 싶은데, 임대인에게 아무런 연락이 없으면 어떻게 될까? 결론적으로는 계속 거주해도 문제가 없다. 임대차계약은 묵시적 계약 갱신이 되기 때문이다. 임대인은 계약 기간 만료일의 6~2개월 전까지 임차인에게 갱신을 거절한다는 통지를 하지 않거나 계약 조건을 변경하지 않으면 묵시적 갱신을 한 것으로 본다. 따라서 전 임대차계약과 동일한 조건으로 다시 계약을 한 것으로 보는 것이다. 마찬가지로 임차인이 계약 기간 만료일의 2개월 전까지 임대인에게 통지하지 않은 경우 또한 묵시적 갱신으로 본다.

임대인이나 임차인 중 한쪽이라도 갱신 거절이나 계약 조건 변경 통지를 한다면 묵시적 갱신은 불가능하다. 또한 임차인이 2개월치 이상의 월 임대료를 지불하지 않거나, 주택을 심하게 파손하거나, 임대인의 동의 없이 전대한 경우 등 임차인의 의무를 위반한 경우는 묵시적 갱신을 할 수 없다.

묵시적 갱신이 됐다면 임차인은 2년의 거주 기간을 주장할 수 있고 다른 집으로 이사를 가고 싶다면 언제든 임대차계약의 해지를 주장할 수도 있다. 다만 임대차계약 해지의 효력은 임대인이 통지받은 날로부터 3개월이 지나야 발생하니 이사를 하고자 한다면 3개월 전까지는 임대인에게 알려야 한다.

CASE 3. 더 거주하고 싶지만 임대인이 계약 갱신을 거절할 때

계약 기간이 만료된 뒤 임차인은 더 거주하고 싶지만 임대인이 계약 갱신을 거절하면 어떻게 될까? 임차인은 계약갱신청구권을 행사할 수 있다. 계약갱신청구권이란 임차인이 요구하면 임대인의 의사와 상관없이 2년 더 거주할 수 있는 권리다. 임차인은 계약 만료일 6개월에서 2개월 전까지 임대인에게 딱 한 번 계약갱신청구권을 행사할 수 있다. 다만 임대인이 계약갱신청구권을 거절할 수 있는 경우가 있다. 임차인이 2개월치 이상의 월 임대료를 밀린 사실이 있거나, 임차인의 의무를 위반했거나, 해당 부동산의 철거 또는 재건축 등의 개발 사유가 있거나, 임대인이 해당 부동산에 실거주하는 등의 사유가 있으면 계약갱신청구권을 거절할 수 있다.

임차인이 계약갱신청구권을 행사하면 임대인은 5% 이내에서 보증금을 올릴 수 있다. 계약갱신청구권의 보증금 상한제는 전세뿐만 아니라 월세도 해당된다. 보증금과 월 임대료를 서로 환산해 보증금만 5% 이내에서 올리거나 월 임대료만 5% 이내에서 올리는 것도 가능하다. 임대인으로부터 갑작스레 임대료를 올린다는 연락을 받았다면 그 금액이 5% 이내인지 확인해봐야 한다. 이때 전세는 월세로, 월세는 전세로 환산해서 계산해볼 수 있다. '렌트홈www.renthome.go.kr' 사이트의 '임대료인상률계산'을 활용하면 손쉽게 알아볼 수 있으며 오른쪽의 QR 코드를 통해 바로 접속할 수 있다.

CASE 4. 2년을 계약했는데, 1년만 살고 이사를 가야 할 때

임대차계약을 2년으로 했지만 계약 기간을 채우기 전에 이사를 가야 한다면 임대인으로부터 보증금을 돌려받을 수 있을까? 법적으로는 계약 기간을 2년으로 했기 때문에 당장 보증금을 돌려받을 수 있는 방법은 없지만 실무에서 통상적으로 처리하는 방법이 있다. 임차인이 직접 다른 임차인을 찾는 것이다. 임차인이 다른 임차인을 찾아 그 임차인의 보증금으로 자신의 보증금을 돌려받게 되면 임대인도, 임차인도 문제가 없다. 하지만 이런 경우 임차인의 사정으로 계약 기간을 채우지 못한 것이기 때문에 임대인과 새 임차인 양쪽의 중개수수료는 기존 임차인이 모두 지불하는 것이 일반적이다.

CASE 5. 집을 사용하는 데 문제가 생겼을 때

화장실 전등이 고장 났습니다

화장실 전등이 고장 난 경우 교체 비용은 누가 지불해야 할까? 민법에 따르면 임대인은 임차인이 주택을 사용할 수 있는 상태를 유지해야 할 의무가 있다고 명시돼있다. 이 말은 임대인은 임차인이 사용하는 데 꼭 필요한 것들에 대해서만 책임을 진다는 의미다. 예를 들어 건물의 구성 부분이나 기본적인 설비 교체 등과 같이 대규모 수선에 대해서는 임대인이 수선의 의무를 부담한다. 그 예시로 주택의 벽이 갈라지거나 비가 새는 경우, 낙뢰로 인한 주택의 화재, 천재지변 등의 불가항력적인 사유로 주택이 파손된 경우에는 임대인이 수리해야 한다는 것이다. 반면 임차인은 임대차 기간 중 사용하는 데 필요한 상태를 유지하게 할 수선의 의무를 가진다. 따라서 전등 같은 소모품은 임차인이 교체하는 것이 맞다. 하지만 도어락 같은 장비가 고장 난다면 임대인이 수리 또는 교체해줄 의무가 있다. 도어락 외에도 인터폰, 보일러, 새시 등의 노후로 인한 고장은 임대인에게 수리 또는 교체 의무가 있다.

보일러가 망가졌는데, 임대인이 알아서 하라고 합니다

보일러는 임대인에게 수리 또는 교체할 의무가 있다. 하지만 임대인이 수리를 못 해주겠다고 한다면 임차인은 자비로 수리를 하고 임대인에게 수리비를 청구할 수 있는 권리가 있다. 이를 필요비라고 한다. 필요비는 부동산을 사용하는 데 꼭 필요한 설비에 대해 유지, 보수, 수리하는 비용에 한정된다. 하지만 청구할 수 있다고 해서 임대인과 상의하지 않고 수리하면 안 된다. 충분한 소통 없이 임차인 마음대로 결정한다면 임대인과 임차인의 관계가 틀어질 수도 있다. 또한 추후 이사할 때 수리 비용을 보증금에서 제하고 주겠다는 임대인도 있다. 그러니 임대인과 임차인 사이에 충분한 소통을 통해 좋은 관계를 유지하는 것이 좋다.

발코니를 확장하고 싶습니다.

임차인이 원해서 발코니를 확장하는 경우 임대한 부동산의 현 상태를 유지한다는 개념보다는 가치를 증대한다는 개념에서 봐야 한다. 이런 경우에는 필요비가 아닌 유익비 개념이 적용된다. 유익비란 부동산의 가치를 높이기 위한 발코니 확장, 중문 설치, 이중창 설치 등이 해당된다. 유익비는 필요비와 다르게 비용을 지출한 즉시 청구하는 것이 아닌 임대차계약 종료와 동시에 임차인이 임대인에게 청구할 수 있다. 만약 임차인이 자비로 발코니를 확장했는데, 이것이 부동산의 가치 증가에 영향을 미쳤다면 임대인은 부동산 가격 증가 금액 또는 발코니 확장 비용 중 선택해 임차인에게 지불해야 한다. 하지만 임대차계약서 특약 사항에 임대차계약 종료 시 원상 회복의 의무가 있다면 임차인이 유익비에 대한 권리를 포기한 것으로 보기 때문에 주의해야 한다. 임차인이 발코니 확장을 자비로 해도 그 돈을 돌려받을 수 없을 뿐더러 발코니 확장 전의 원래 상태로 돌려놔야 하는 의무도 있다. 필요비와 유익비의 권리를 제대로 아는 것도 중요하지만 실상 법으로 해결하는 것만큼 복잡하고 오래 걸리는 일이 없다. 따라서 임차인이라면 부동산과 관련된 사항은 항상 임대인에게 동의를 받아 처리하는 것이 가장 효율적이다.

벽지가 더러워졌습니다

도배와 장판을 누가 하는지도 임대차계약을 할 때 흔한 분쟁 소재 중 하나다. 앞서 살펴봤듯이 임대인은 집의 큰 부분에 대해서는 수선의 의무가 있다. 그리고 임차인은 수도꼭지, 전등 같은 소모품은 직접 교체해야 한다. 그렇다면 도배와 장판은 임대인과 임차인 중 누구의 의무일까? 양쪽이 협의하에 결정하면 된다. 관례상 일반적으로 전세의 경우는 임차인이, 월세의 경우는 임대인이 도배와 장판을 한다. 하지만 관례일 뿐이지 의무는 아니다. "벽지가 더러워졌습니다"라는 말은 너무 주관적일 뿐더러 대부분 생활하면서 생길 수 있는 훼손으로 보기 때문에 책임 소재를 판단하기 어렵다. 따라서 임대차계약서를 작성할 때 도배와 장판에 대한 내용을 특약 사항에 구체적으로 명시하는 것이 좋다.

CASE 6. 집에서 반려동물을 키울 때

계약서에 반려동물에 대한 특약이 없었음에도 임차인이 키울 경우

대부분의 임대인은 반려동물을 키우는 임차인과 계약할 경우 계약서에 "반려동물로 인한 부동산 훼손에 대해서는 임차인이 부담한다" 같은 특약 사항을 기재한다. 하지만 최초 계약 시 반려동물에 대한 특약이 없었음에도 추후 임차인이 반려동물을 키우게 될 수도 있다. 본래 반려동물을 키울 계획이라는 것을 임차인이 임대인에게 미리 공지할 의무는 없다. 그렇기 때문에 임대인은 임차인에게 반려동물로 인해 훼손된 집의 수리 비용 등을 요구하거나 계약 해지를 주장하기는 어렵다.

계약서에 반려동물 금지 특약이 있었음에도 임차인이 몰래 키우다가 발견됐을 경우

계약서에 특약 사항으로 "반려동물을 키울 시 계약을 해지한다" 같은 명확한 문구를 기재했다면 분쟁이 없을 것이다. 하지만 단순히 "반려동물을 금지한다"라고만 기재했다면 임대인은 임차인에게 반려동물로 인해 훼손된 집의 수리 비용 등을 요구하기가 애매한 상황이 된다. 또한 특약을 위반한 것에 대해 임대인이 임차인에게 배상을 요구한다 해도 임대인이 배상을 받아야 하는 타당한 이유를 모두 입증해야 한다. 따라서 임대차계약서를 작성할 때 반려동물에 대한 것은 명확하게 짚고 넘어가는 것이 좋다.

Chapter 4

개념 알고 가기 : 재개발과 재건축, 입주권과 분양권

재개발과 재건축, 왜 HOT 할까?

　자동차 한 대가 겨우 지나다닐 수 있을 것 같은 도로에 빨간 벽돌의 빌라들이 줄지어있는 동네, 서울 한복판에 있어 위치는 좋지만 녹물이 나오고 외관상 쓰러질 것 같은 아파트. 이런 부동산이 주변의 다른 빌라나 아파트보다 몇 천에서 몇 억씩 비싸게 팔리는 경우가 있다. 저렇게 허름한 곳을 왜 다들 사지 못해서 안달일까?

　바로 재개발·재건축 지역이기 때문이다. 건물은 시간이 지나면 노후되기 때문에 가치가 점점 떨어질 수밖에 없다. 사람들이 원하는 것은 새시 비닐 커버를 아직 떼지 않은 깔끔한 신축 아파트다. 하지만 한정된 땅에 계속 새로운 아파트를 지을 수는 없다. 그렇기에 기존의 노후된 지역과 아파트를 새롭게 정비해 사람들이 원하는 주거환경을 만드는 것이 바로 재개발·재건축이다.

 빨간 벽돌의 빌라들이 밀집한 동네가 몇 년 뒤 새 아파트 단지로 변할 예정이라는 소식이 알려지고 그 주변 아파트에 비해 가격이 훨씬 낮다면? 미래 가치를 보고 아직 공사가 시작되지도 않은 낡은 집을 사람들은 너도나도 사려 할 것이다. 하지만 이런 지역을 공부하지 않고 무턱대고 샀다가는 큰일 날 수 있다. 재개발·재건축을 한다고 해서 단 몇 년 안에 아파트가 뚝딱 세워지는 것이 아니다. 주민의 동의를 구하는 것부터 분양까지 모든 과정에는 절차가 있고 그 절차가 더디게 진행돼 10년, 20년이 지나도 처음 샀던 그 상태일 수도 있다. 또한 소문만 듣고 초기 재개발 지역에 투자했다가 몇몇 주민의 반대로 진행조차 못 하게 될 수도 있다. 그렇기 때문에 재개발·재건축은 용어와 절차, 그리고 각 단계가 의미하는 것들을 잘 알아야 한다.

2

들어는 봤지만 설명하기는 어려운
재개발과 재건축

재개발과 재건축의 정의

인테리어는 부동산의 내부를 수리하는 것이고, 리모델링은 부동산의 내부와 외부를 함께 수리하는 것이다. 좀 더 큰 범위에서 재건축은 건물 자체를 새로 건축하는 것이고, 재개발은 지역 전체를 새로 바꾸는 것이다. 재개발은 구역을, 재건축은 건물을 탈바꿈한다는 것이 둘의 차이점이다. 재개발은 특정 구역 자체를 바꾸는 것이기 때문에 빨간 벽돌의 빌라들뿐만 아니라 소방차가 못 들어갈 정도의 좁은 골목이나 하수도, 주차장 등의 기반 시설까지 정비하는 사업이다. 반면 재건축은 주변 기반 시설은 우수하지만 건물 자체가 노후돼 기존 건물을 철거하고 새 아파트로 건축해 살기 좋고 안전한 건물을 만드는 사업이다. 가장 유명한 예로 서울시 강남의 은마 아파트가 있다. 강남에 위치해 기반 시설은 더할 나위 없지만 아파트에서 녹물이 나온다고 할 정도로 노후됐기 때문에 재건축을 추진하려는 것이다.

재개발과 재건축의 차이점

재개발·재건축은 모두 「도시 및 주거환경정비법^{도정법}」에 기반한 사업이다. 하지만 재개발·재건축의 정의가 아닌 사업 진행 과정에 있어 둘의 가장 큰 차이점은 조합원의 조건과 안전진단의 실시 여부다. 재건축은 대상 건물과 토지를 동시에 소유한 사람만 조합원이 될 수 있지만, 재개발은 건물 또는 토지 둘 중 하나만 소유한 사람도 조합원이 될 수 있다. 또한 재건축은 안전진단을 해서 아파트의 노후도가 인정돼야 진행되지만, 재개발은 안전진단을 실시하지 않는다. 재개발과 재건축의 차이점을 정리하면 다음과 같다.

조합과 조합원이란?

조합은 재개발·재건축 사업 추진에 동의하고 이를 이끌어 나가는 주민들의 모임이고, 조합원은 그 모임에 속해있는 사람들이다. 조합원이면서 아파트를 받을 조건에 충족된 사람에게는 새 아파트에 입주할 수 있는 자격인 입주권이 주어진다.

[재개발과 재건축의 차이점]

구분	재개발	재건축
근거 법령	「도시 및 주거환경정비법」	
정비기반시설	열악	양호
조합원 조건	건축물 또는 토지 소유	건축물과 토지 동시 소유
안전진단 실시	미실시	실시(단독주택 재건축 제외)
사업 외 보상비	주거이전비, 영업조상비	해당 없음
기부채납	많음	적음
사업 진행	상대적으로 어려움	상대적으로 쉬움
투자 수익 예측	어려움	가능
실제 투자금	상대적으로 적음	상대적으로 많음

재개발 사업의 진행 절차

[재개발과 재건축 사업의 진행 절차]

재개발 사업의 진행 단계는 단체 여행을 준비하는 단계와 비슷하다. 용어가 어려울 수 있으니 여행 준비 과정에 비유해 알아보자.

1단계

① 정비기본계획 수립 / 정비구역 지정 : 재개발 계획을 수립하고 구역을 지정하자!

여행을 가기 전 가장 먼저 어디로 어떻게 갈지 계획을 세운다. 정비기본계획 수립과 정비구역 지정 단계도 마찬가지다. 가장 먼저 어떤 지역을 어떻게 개발할 것인지 계획을 세운다.

② 추진위원회 승인 : 지자체에 허락을 받자!

단체 여행에서는 여행의 일정을 관리하는 회장, 총무, 운전자 등의 사람들이 있다. 재개발에서는 추진위원회와 같다. 재개발을 이끌어 갈 조합을 설립하기 이전에 추진위원회를 구성해 지자체의 승인을 받아야 한다. 이때 해당 지역의 토지 등 소유자 50% 이상의 동의를 받아야 승인이 가능하다. 동의를 받는 단계는 추진위원회의 승인 여부도 정해지지 않은 상태이기 때문에 실제 재개발이 시행될지 확실하지 않다.

2단계

③ 조합설립 인가 : 조합을 설립하자!

여행의 기본적인 사항을 정하고 각자의 역할을 나눴다면 이제 함께 여행할 사람들을 모집해야 한다. 조합설립 인가 단계도 재개발을 함께할 사람들을 모집하는 과정이다. 재개발 조합설립은 추진위원회 구성보다 동의율과 요건이 까다롭다. 또한 이미 오랫동안 동네에 살고 계신 어르신이나 월세 수익을 원하는 임대인은 오히려 재개발이 달갑지 않을 수 있다. 이런 이유로 재개발을 반대하는 주민들이 많아지면 사업 진행이 지체되기도 한다. 반면 재건축 조합설립 인가는 재개발보다 좀 더 수월하다. 재건축은 애초에 주민들이 주체적으로 추진해 이뤄지는 사업이기에 반대 의견이 적어 빨리 진행될 수 있기 때문이다. 재건축의 조합설립 인가 단계에서는 '과연 동의율을 얼마의 기간 안에 채울 수 있을 것인가?'가 관건이다.

④ 시공사 선정 : 새 아파트를 지어줄 건설사를 구합니다!

단체 여행 참가자까지 모집이 끝났다면 이제 순조로운 여행을 이끌어줄 여행사가 필요하다. 마찬가지로 조합이 설립됐다면 재개발 사업을 진행할 시공사를 정할 차례다. 시공사에 따라 아파트의 브랜드가 달라진다. 여러 시공사에서 '우리가 아파트를 이렇게 지어줄게'라고 재개발 지역의 청사진을 그리며 조합원의 기대감을 한껏 올려놓는다. 또한 시공사는 재개발 사업을 따내기 위해 조합설립이 되자마자 동네 이곳저곳에 "조합설립을 축하드립니다" 같은 문구의 플래카드를 내걸고 조합원에게 홍보하기 시작한다. 좋은 시공사가 선정된다면 사람들의 투자 심리도 함께 상승한다.

3단계

⑤ 사업시행 인가 : 재개발 세부 계획을 다 세웠으니 허락해주세요!

해외여행을 간다면 해당 국가의 출입국 허가를 받아야 한다. 재개발의 사업시행 인가 역시 세부 계획을 국가의 허가를 받아야 한다. 시공사까지 정해졌다면 새로 지어질 아파트의 평면도, 건폐율, 용적률 등 세부적인 계획을 정해 지자체에 허가받는 것이다. 사업시행 인가가 완료됐다면 재개발의 50%는 진행된 것으로 본다. 구체적인 세대수나 평형, 가장 중요한 조합원의 아파트 구입 가격인 조합원분양가와 일반인 분양 가격인 일반분양가 등이 어느 정도 계획되는 단계다. 이때부터는 사업이 진행된다는 일부의 확신을 가지고 투자자가 모이기 시작한다. 참고로 서울시는 사업시행 인가 뒤에 시공사를 선정한다.

⑥ 종전자산 평가 : 조합원의 현재 집값을 평가해보자!

여행을 가기 위한 모든 준비를 끝냈다면 이제 여행 참가자에게 예상 경비를 공개해야 한다. 여행 참가자는 각자 얼마를 내야 하는지 예상할 수 있다. 마찬가지로 종전자산 평가 단계에서는 재개발 조합원이 새 아파트를 구입하기 위해 얼마가 필요한지 예상할 수 있다. 현재 본인 집의 가치가 5억 원인데, 조합원분양가가 8억 원이라면? 그 차액 만큼을 지불해야 새 아파트에 입주할 수 있는 권리를 갖는다. 정확히는 '조합원분양가-권리가액_{감정평가액×비례율}'이다. 이 차액을 조합원분담금이라고 한다. 분담금을 결정하기 위해서는 종전자산 평가 절차를 통해 현재 조합원의 자산 가격을 평가해 수치화해야 한다.

비례율이란?

비례율은 재개발 사업의 사업성을 나타내는 지표다. 100%에 수렴할수록 사업성이 좋다고 판단한다. 간단하게 수식만 보고 가자.

$$비례율 = \frac{종후자산평가액 - 총 사업비}{종전자산평가액} \times 100$$

⑦ 조합원분양 신청 : 새 아파트에 살고 싶어!

사업 시행자_{조합 또는 공공 기관}는 조합원에게 종전자산 평가액과 입주권을 받기 위한 추가 분담금이 대략 얼마인지 알려줘야 한다. 동시에 조합원분양 신청을 받는다. 분양 신청 기간은 30~60일 이내다. 새 아파트를 받고 싶은 조합원은 분양 신청 기간 안에 분양 신청을 해야 한다. 그리고 분양 신청을 한 조합원은 아파트의 몇 동 몇 호를 분양받을지 향후 추첨을 통해 결정된다. 조합원이 분양 신청을 하지 않으면 재개발 지역에 있는 본인의 부동산을 현금으로 정산받고 나가야 하는 현금 청산 대상자가 된다.

4단계

⑧ 관리처분인가 : 모든 것이 정해졌다!

단체 여행의 총무는 여행의 전체 경비와 각 참가자가 납부해야 하는 금액을 산정한다. 여기서 결정되는 금액은 확정 금액이다. 마찬가지로 관리처분인가 단계에서도 재개발 사업의 모든 금액이 확정된다. 또한 재개발의 80% 정도가 진행된 단계로, 일반분양가·조합원분양가·조합원분담금 등 모든 계획들이 확실하게 자리잡는다. 안전한 단계에 접어들었기 때문에 프리미엄도 가장 높게 매겨지는 시기다.

⑨ 이주 및 철거 : 공사하는 동안 다른 곳에 머물러주세요!

실제 재개발 공사를 진행하기 위해서는 해당 지역의 건물을 모두 비워줘야 한다. 따라서 이주 및 철거 단계는 거주민이 이사를 가고 이후 빈 건물을 철거하는 과정이다. 빠른 이주를 위해 조합원에게 이주비 대출을 해준다.

⑩ 조합원 동호수 추첨 / 착공 : 몇 동 몇 호를 갖게 될까?

조합원에게 분양할 새 아파트의 동호수를 추첨하는 과정이다. 동호수에 따라 추후 아파트 매매 가격이 크게 달라지기 때문에 중요한 단계다. 예를 들어 서울에 있는 어느 대단지 아파트의 한강이 보이는 동과 사방이 꽉 막힌 동, 일조권이 좋은 높은 층과 해가 들지 않는 낮은 층 중 사람들은 어느 쪽을 선호할까? 당연히 경치가 좋고 해가 잘 드는 높은 층을 선호할 것이고 이런 호수는 가치도 높게 책정된다. 조합원의 동호수 추첨이 완료되면 새 아파트를 짓는 공사를 시작한다.

5단계

⑪ 일반분양 : 일반인도 새 아파트를 살 수 있다!

조합원이 갖게 되는 호수를 제외한 나머지는 모두 일반분양을 한다. 조합원을 제외한 해당 아파트를 원하는 일반인에게 분양을 하는 것이다. 일반인이 새 아파트 분양을 신청하는 것을 청약이라고 한다.^{201쪽 참조} 청약 경쟁률이 높을수록 프리미엄도 높아지고 향후 아파트 매매 가격이 상승할 가능성도 크다. 인기가 많은 아파트라는 증거이기 때문이다.

⑫ 준공 및 입주 / 이전고시 및 청산

조합원분양과 일반분양을 모두 마치고 아파트가 완공되면 입주권과 분양권을 가진 사람들이 입주하게 된다. 이후 사업 시행자는 동호수를 배정받은 사람에게 재개발 사업의 결과를 통지하고 소유권을 넘겨준다. 분양받을 사람에게 소유권 이전에 대해 알리는 것을 이전고시라고 한다. 또한 분양 신청 기간에 신청을 하지 않은 조합원은 현금 청산 대상자가 된다. 청산 대상자는 해당 재개발 지역의 입주권 대신 현금을 받길 원하는 사람이다. 이전고시 뒤 청산 대상자에게 청산금을 지급하면 비로소 재개발 사업이 마무리된다.

재건축 사업의 진행 절차

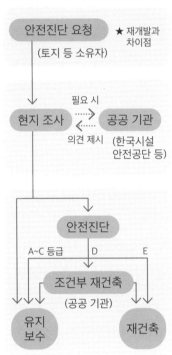

[재건축 사업의 안전진단 절차]

안전진단 요청
(토지 등 소유자)

★ 재개발과
차이점

현지 조사 ⟶ 공공 기관
필요 시
의견 제시 (한국시설
안전공단 등)

안전진단

A~C 등급   D   E

조건부 재건축
(공공 기관)

유지
보수

재건축

    재건축 절차는 191쪽의 재개발 절차와 90% 이상 유사하다. 차이점이 있다면 재건축은 아파트 안전진단을 실시한다는 것이다. 안전진단은 A~E 등급까지 존재하며 이 중 D 또는 E 등급이 나와야 재건축이 가능하다. D, E 등급은 누가 봐도 노후됐다는 느낌이 드는 아파트다.

재개발과 재건축의 투자 시기

　재개발·재건축 사업이 진행되는 도중 그 지역의 부동산을 매수해 조합원이 되고 싶다면 꼭 유의해야 할 2가지가 있다. 재개발·재건축이 어느 지역에서 이뤄지고 있는지와 어느 단계에 있는지를 확인해야 한다. 이것을 확인하지 않고 부동산을 매수한다면 매수한 금액보다 낮은 가격으로 청산될 수 있다.

　먼저 재개발·재건축이 진행되는 지역이 규제 지역인지 확인해야 한다. 투기과열지구라면 재개발·재건축의 진행 단계를 주의해서 확인해야 한다. 투기과열지구에서는 특정 단계 이후 부동산을 매수하면 입주권을 받지 못하고 청산되기 때문이다. 특정 단계란 재개발은 관리처분인가, 재건축은 조합설립 인가를 말한다. 정리하면, 재개발·재건축되는 새 아파트의 입주권을 얻기 위해 부동산을 매수하는 경우에는 먼저 투기과열지구 여부를 확인하고, 재개발은 관리처분인가가 되었는지, 재건축은 조합설립 인가가 되었는지를 확인해야 한다.

3

미래의 내 집 마련을 위해서! 입주권과 분양권

입주권과 분양권의 정의

입주권	재개발·재건축 대상 지역에 부동산을 소유하고 있는 조합원이 새 아파트에 입주할 수 있는 권리
분양권	새 아파트의 일반분양분에 대해 주택청약으로 당첨된 사람이 입주할 수 있는 권리

재개발·재건축 대상 지역에 원래부터 자신의 집이 있거나 재개발·재건축 대상 지역에 있는 집을 산 사람에게는 새 아파트에 입주할 수 있는 혜택이 주어지는데, 이것을 입주권이라고 한다. 그리고 조합원에게 분양되는 호실을 제외한 나머지는 일반분양으로 진행된다.

분양권은 일반분양에서 주택청약 신청을 통해 당첨된 사람이 새 아파트에 입주할 수 있는 권리를 말한다. 일반분양은 재개발·재건축 대상 지역뿐만 아니라 기타 다른 지역에 지어지는 새 아파트도 모두 일반분양을 한다. 주택청약 신청을 하려면 주택청약종합저축^{청약통장} 통장이 필요하다. 물론 청약통장을 만들어 신청한다고 모두 당첨되는 것은 아니며 총 납입 기간과 금액 등의 조건에 따라 1순위 자격 요건이 달라진다. 자세한 지역별 주택청약 일정과 조건은 '한국부동산원 청약홈_{www.applyhome.co.kr}' 사이트에 설명돼있다. 그리고 일반분양은 다시 사업 주체에 따라 공공분양과 민간분양으로 나눠진다.

주택청약제도란?

한 신용카드 회사에서 자사의 신용카드를 만들면 해외여행 이벤트 응모 자격을 준다고 가정해보자. 이벤트에 응모해 당첨되면 해외여행을 갈 수 있다. 주택청약제도도 이와 비슷하다. 국가에서 진행하는 주택분양제도에 응모해 당첨되면 새 아파트를 받을 수 있다. 주택청약을 신청하기 위해서는 여러 준비물이 필요한데, 그중 대표적인 것이 청약통장이다.

주택청약종합저축(청약통장)이란?

새 아파트를 분양받고자 주택청약 자격을 얻기 위해 만드는 통장이다. 은행에서 주택청약종합저축에 가입하면 만들 수 있다. 적금 통장처럼 꾸준히 돈을 모으다가 언제든 해지도 가능하기 때문에 주택청약 목적이 아니더라도 목돈을 모으기 좋은 통장이다. 또한 청약통장은 공공분양 아파트 청약과 민간분양 아파트 청약으로 구분해 사용할 수 있다.

공공분양 주택청약

공공분양은 국가가 사업 주체가 되어 분양하는 아파트를 말한다. 공공분양 주택청약의 주요 요건은 청약통장에 납입한 총 금액과 기간이다. 그렇다면 청약통장에 매월 얼마씩 넣어야 할까? 공공분양은 매월 최소 2만 원에서 최대 10만원까지 납입 금액만 인정되며 총 금액 조건을 맞추려고 한꺼번에 납입한 금액은 인정되지 않는다. 예를 들어 10만 원씩 24개월을 납입한 사람^{총 240만 원}과 2만 원씩 24개월을 납입한 사람^{총 48만 원}을 비교하면 당연히 전자가 당첨에 유리하다. 공공분양에서는 납입한 총 금액과 기간이 중요한 만큼 초등학생 자녀에게 미리 청약통장을 만들어주고 싶어 하는 부모들이 있다. 하지만 만 19세 미만은 최대 240만 원까지만 청약통장 납입 금액을 인정해준다. 그 이상의 금액은 납입해도 의미가 없다.

민간분양 주택청약

민간분양은 민간기업이 사업 주체가 되어 분양하는 아파트를 말한다. 민간분양과 공공분양 주택청약 요건의 가장 큰 차이점은 민간분양은 납입한 기간은 보지 않고 총 금액만 본다는 것이다. 그리고 민간분양은 청약할 아파트가 지어질 지역이 아니라 청약 신청자 본인이 현재 거주하는 지역에 따라 청약할 아파트의 면적별 예치금이 정해져 있다. 예치금이라는 것은 '청약통장에 이 정도 돈은 납입돼 있어야 주택청약 신청 조건이 된다'라는 기준이다. 민간분양은 매월 청약통장 납입 인정 금액이 제한돼있지 않기 때문에 주택청약 입주자 모집 공고 바로 전날 일시불로 납입해도 무방하다. 지역과 면적에 따른 청약통장 예치금 조건은 다음과 같다.

[민간분양 예치금 기준]

전용면적	서울특별시와 부산광역시	그 밖의 광역시	특별시와 광역시를 제외한 지역
85㎡ 이하	300만 원	250만 원	200만 원
102㎡ 이하	600만 원	400만 원	300만 원
135㎡ 이하	1천만 원	700만 원	400만 원
모든 면적	1천 500만 원	1천만 원	500만 원

(2023년 4월 기준)

입주권과 분양권의 차이점

입주권은 재개발·재건축 지역 조합원이 가지는 권리로, 애초에 해당 지역의 건물이나 땅을 가지고 있는 주민이어야 한다. 따라서 해당 지역의 주민에게 주어지는 입주권에는 여러 가지 혜택이 있다. 가장 큰 혜택은 입주권은 분양권보다 가격이 저렴하다는 점이다. 일반분양가보다 저렴한 조합원분양가로 새 아파트를 소유할 수 있다는 장점이 있다. 또한 조합원에게는 인기 있는 동호수를 먼저 배정해주고 발코니 확장 등의 여러 옵션 제공, 이주비 대출 등의 혜택이 있다.

입주권과 분양권은 취득세를 납부하는 방법도 다르다. 입주권으로 취득한 새 아파트는 토지분과 건물분으로 나누어 각각 납부한다. 관리처분인가 단계에서 토지 취득세를 먼저 내고 이후 아파트 입주 시점에 부동산을 등기하면서 건물 취득세를 낸다. 반면 분양권으로 취득한 새 아파트는 일반 매매처럼 부동산 등기와 동시에 토지와 건물 취득세를 한꺼번에 낸다.

주택청약에 당첨되면 매매할 때와 비슷하게 계약금-중도금-잔금 순으로 돈을 지불한다. 청약에 당첨된 뒤 초기에는 분양가의 10%인 계약금만 있으면 분양권을 가질 수 있고 중도금이나 잔금은 대출을 이용해 지불이 가능하기 때문에 초기 투자 비용이 적게 든다는 장점이 있다. 또한 조합원분양가만큼은 아니지만 일반 매매보다는 저렴한 가격에 새 아파트를 소유할 수 있다. 이런 이유로 입지가 좋은 지역은 너도나도 새 아파트를 갖고자 하기 때문에 청약 경쟁률이 하늘을 치솟는다.

입주권과 분양권은 주택 수에 포함될까?

조합원의 권리인 입주권은 주택 수에 포함된다. 입주권을 가지고 있는 상태에서 주택을 구입하면 추가로 매입한 주택에 대한 세금은 2주택으로 적용되는 것이다. 그리고 본래 분양권은 주택 수에 포함되지 않았다가 2021년 1월 1일부터 취득한 분양권은 주택 수에 포함되는 것으로 변경됐다.

Chapter 5

모르면 손해 본다 :
부동산 경매

부동산 경매란?

부동산을 소유하는 방법은 다양하다. 그중 가장 일반적인 방법은 부동산 중개사무소를 방문해 매물을 살펴보고 마음에 드는 부동산을 구입하는 것이다. 중개사무소가 아닌 온라인 사이트나 법원을 방문해 부동산 매물을 살펴보는 사람도 있다. 이런 사람은 어떤 방법으로 부동산을 구입할까? 부동산을 소유하는 방법은 크게 4가지로 나눌 수 있다.

부동산을 소유하는 방법

··· 매매 : 공인중개사를 통해 부동산을 사는 것

··· 주택청약(분양권) : 주택청약을 통해 새 부동산의 분양권을 갖는 것

··· 재개발·재건축(입주권) : 재개발·재건축 사업이 진행 중인 지역에 지

어질 새 부동산의 입주권을 갖는 것

··· 경매 : 경매를 통해 부동산을 낙찰받는 것

부동산에 대해 잘 모르는 사람도 매매, 주택청약, 재개발·재건축이라는 용어는 한 번쯤 들어봤을 것이다. 하지만 부동산 경매는 아직도 생소한 사람이 많다. 부동산 경매란 무엇이고 왜 필요할까? 우리 몸속에는 피가 흐르는 수많은 혈관들이 있다. 그런데 이 혈관들이 막히면 어떻게 될까? 뇌에 산소가 공급되지 않아 결국에는 죽게 될 것이다. 따라서 이런 사태가 발생하기 전에 다시금 피가 잘 흐를 수 있도록 치료를 해줘야 한다. 국가 경제도 마찬가지다. 돈의 흐름이 막혀버리면 경제는 순식간에 어려워진다. 막힌 혈관을 치료해야 사람이 살 수 있는 것처럼 경제도 돈이 잘 흐를 수 있도록 치료를 해줘야 한다. 이때 필요한 처방이 바로 부동산 경매다.

사람들이 은행에 빌린 돈을 갚지 못하면 어떻게 될까? 은행은 빌려준 돈을 돌려받지 못해 손실이 발생하고, 은행에 투자한 사람도 손실이 발생하며, 빌린 돈을 갚지 못하는 사람이 계속해서 늘어나면 결국 은행은 망하고 국가 경제에 큰 피해를 입히게 된다. 그래서 국가는 돈이 잘 흐를 수 있도록, 국가 경제가 원활하게 돌아갈 수 있도록 경매라는 제도를 이용한다.

부동산 경매는 돈을 빌린 사람과 빌려준 사람 사이에 발생하는 문제를 국가에서 강제적으로 해결하는 방법이다. 국가는 빌린 돈을 갚지 못한 사람의 부동산이나 자동차 등의 자산을 처분해 돈을 빌려준 사람에게 돌려줌으로써 시장에 돈이 잘 흐를 수 있도록 한다. 즉,

법원에서 판매하는 부동산을 누군가 구입하면 막혀 있던 돈의 흐름이 뻥 뚫리게 된다. 이렇게 법원에서 판매하는 부동산을 구입하고자 신청하는 사람을 입찰자, 그중 가장 높은 금액으로 입찰해 부동산을 소유하게 될 사람을 낙찰자라고 한다.

하지만 부동산 경매에 대해 부정적인 인식을 가지고 있는 사람이 여전히 많다. 이런 인식은 과거 임차인을 보호하는 법이 없을 때 생겨났다. 영문도 모른 채 하루아침에 살던 집에서 쫓겨나는 임차인이 있었기 때문이다. 하지만 현재는 임차인을 보호하는 법이 어느 때보다 강력하고 임차인의 권리를 보호하기 위한 다양한 제도가 생기면서 부정적인 인식은 점차 사라지고 있다.

부동산 경매 물건은 어디서 확인할까?

경매로 나온 부동산은 어디서 확인할 수 있을까? 과거에는 신문을 통해 경매 물건을 확인할 수 있었지만 현재는 보다 손쉽게 경매 물건을 접할 수 있는 경매정보지 사이트들이 있다. 경매정보지는 경매 물건을 살펴볼 수 있는 사이트로, 일종의 부동산 온라인 쇼핑몰이다. 대표적인 경매정보지로는 '지지옥션', '옥션원', '스피드옥션' 등이 있다. 양질의 정보를 제공하지만 이용료가 비교적 높은 편이다. 가성비 좋은 경매정보지로는 '탱크옥션', '굿프렌드', 'home336' 등이 있다.

부동산 경매는 팻말을 드는 호가제다?

경매라고 하면 미술품 경매처럼 번호가 적힌 팻말을 들고 입찰하는 장면을 상상할 수 있다. 그런데 부동산 경매는 팻말을 드는 호가제가 아니라 입찰제다. 입찰제란 서류에 입찰하고자 하는 금액을 적어서 제출하고 그중 최고가를 적어낸 사람이 낙찰받는 방식이다. 부동산 경매도 미술품 경매처럼 과거에는 호가제 방식이었지만 현재는 입찰제로 진행되고 있다.

내 돈을 지키기 위한 부동산 경매

부동산 경매를 하는 사람의 목적은 무엇일까? 대부분은 부동산을 조금이라도 저렴하게 구입하기 위해서일 것이다. 경매는 부동산을 시세보다 저렴하게 살 수 있는 방법으로 알려져 있기 때문이다. 그래서 부동산 경매는 투자 방법의 하나로 인식되기도 한다. 하지만 경매를 통해 부동산을 구입하더라도 높은 경쟁률과 잘못된 가치 평가로 인해 시세보다 비싸게 낙찰되는 경우도 있다. 결국 경우에 따라 싸게도, 비싸게도 낙찰되는 것이다. 그런데 부동산 경매에 대해 잘 알면 부동산을 싸게 구입할 수도 있지만 내 돈을 지킬 수도 있다는 장점이 있다. 무슨 말일까?

내 돈을 지키는 도구

"부동산 경매를 배우면 어떤 장점이 있나요?"라는 질문을 받으면 나는 항상 이렇게 대답한다. "내 돈을 지킬 수 있어요." 내 돈을 지킨다는 의미를 설명하기 전에 경매를 배운다는 것은 무엇을 배우는 과정인지 알아야 한다. 경매를 배우는 과정은 크게 2가지로 나눌 수 있다. 첫 번째는 부동산에 얽힌 다양한 이해관계를 파악하는 과정인 권리분석, 두 번째는 부동산의 가격과 입지를 파악하는 과정인 물건분석이다. 이 2가지 과정은 내 돈을 지키는 데 아주 큰 도움이 된다.

먼저 권리분석이 내 돈을 지키는 데 어떻게 도움이 되는지 알아보자. 부동산 권리는 부동산의 주인이 가진 소유권, 다른 사람에게 사용권을 넘기는 전세권, 담보로 사용할 수 있는 근저당권, 마음대로 처분하지 못하게 하는 압류 등 여러 가지가 있다. 여기서 잠깐 상상을 해보자. 부동산을 구입하고자 중개사무소를 방문했는데, 계약 전 등기부를 확인했더니 소유권 외에 수많은 권리들이 얽혀 있다면 어떨까? 구입하기가 꺼려질 것이다. 권리분석을 배운다는 것은 부동산을 구입했을 때 여러 권리들이 어떻게 작용하는지를 이해한다는 의미다. 또한 해결할 수 있는 권리와 해결할 수 없는 권리를 구분할 수 있게 된다는 의미이기도 하다. 이 능력은 부동산을 구입할 때뿐만 아니라 전월세 임대차계약을 할 때도 활용할 수 있다.

다음으로 물건분석이 내 돈을 지키는 데 어떻게 도움이 되는지 알아보자. 부동산 가격에는 시세라는 것이 있다. 시세는 현재 거래되는 가격의 수준이다. 시세는 매매가뿐만 아니라 전세가와 월세가에도 존재한다. 이것을 잘 알아보지 않고 매매 시세가 1억 원인 부동산을 2억 원에 구입하거나 전세가 시세가 8천만 원인데 1억 원에 임대차계약을 한다면 어떻게 될까? 매매는 시세보다 비싸게 구입했으니 당연히 손해다. 하지만 전세는 어차피 돌려받는 돈인데, 무슨 문제가 있냐고 반문할 수 있다. 시세보다 비싸게 전세 계약을 하면 이른바 깡통전세 문제가 발생할 가능성이 있다. 예를 들어 부동산 가격이 1억 원인데, 전세가가 1억 원에 근접하거나 1억 원을 초과하면 깡통전세가 된다. 깡통전세는 임대인이 임차인에게 보증금을 돌려줄 수 없는 경우가 상당히 많다. 결국 매매든 임대차든 시세 파악을 제대로 하지 못하면 손해를 보게 된다. 부동산 경매에서 물건분석을 배운다는 것은 시세를 파악하는 과정을 포함하기 때문에 손해를 줄이는 데 도움이 된다. 결국 부동산 경매는 부동산 투자 방법인 동시에 내 돈을 지키는 도구라고 할 수 있다.

3

부동산 경매 절차 한눈에 알아보기

부동산이 경매로 나오는 이유

부동산이 경매로 나오는 이유에는 크게 2가지가 있다. 첫 번째는 금전적인 이유 때문이다. 앞서 설명했듯이 경매는 돈의 순환이 목적이다. 살면서 한 번쯤은 돈을 빌리거나 빌려준 경험이 있을 것이다. 그런데 간혹 돈을 빌린 사람이 갚을 의지가 없거나 연락이 두절되는 경우가 있다. 그럼 돈을 빌려준 사람은 법원에 도움을 요청한다. 법원은 돈을 빌린 사람이 부동산 자산을 가지고 있다면 해당 부동산을 경매로 매각하게 된다. 그리고 그 매각 대금을 돈을 빌려준 사람에게 전달한다. 이렇게 경매를 통해 한 번의 돈의 순환이 발생한다.

부동산이 경매로 나오는 두 번째 이유는 소유권과 관련해 다툼이 생겼기 때문이다. 예를 들어 부모님이 생전에 소유하시던 땅을 3명의 자녀가 상속받는다고 가정해보자. 하나의 토지를 각각 1/3씩 나눠 가지게 될 것이다. 하지만 상속받는 3명 중 누구는 토지를 팔고 싶어 하고, 누구는 계속 보유하고 싶어 한다면 어떻게 될까? 정답은 의외로 간단하다. 하나의 토지를 3등분해서 나눠 가진 뒤 각자 원하는 방식으로 처리하면 된다. 그런데 문제는 여기서 발생한다. 토지를 정확히 3등분하는 것도 어려울 뿐만 아니라 3명 모두 더 좋은 위치의 토지를 원하기 때문이다. 이런 경우 3명은 법원에 도움을 요청하는데, 최종적으로 협의가 되지 않으면 법원은 해당 토지를 경매로 매각하게 된다. 그리고 매각 대금은 해당 토지를 상속받는 3명이 각각 1/3씩 나눠 갖는다. 이렇게 공유한 부동산을 경매로 매각해 소유권 지분 비율대로 매각 대금을 가져가는 것을 공유물분할경매라고 한다.

여기까지 부동산이 경매로 나오는 이유 2가지를 살펴봤다. 이렇게 시작된 부동산 경매는 법원에서 어떤 절차로 진행되는지 알아보자.

법원의 부동산 경매 절차

금전적인 문제나 소유권 다툼 문제를 해결하기 위해 법원에 경매를 신청한 경우 법원에서는 크게 5단계에 걸쳐 부동산 경매를 진행한다.

① 경매 시작을 알리고 조사를 진행한다

경매가 시작되면 법원은 부동산 등기부에 경매가 시작됐음을 알리는 경매개시결정 등기를 한다. 또한 임차인이나 부동산을 담보로 돈을 빌려준 사람 등 이해관계자에게도 경매가 시작됐음을 알린다. 동시에 법원은 부동산을 매각하기 위한 경매 시작 가격을 정한다. 이 과정은 법원이 하지 않고 부동산 가격을 평가하는 감정평가사에게 요청한다. 감정평가사가 평가한 부동산의 가격을 감정평가액이라고 하고 이것이 경매의 시작 가격이 된다.

[등기부 갑구의 강제경매개시결정 등기 예시]

【 갑 구 】	(소유권에 관한 사항)			
순위번호	등 기 목 적	접 수	등 기 원 인	권리자 및 기타사항
11	강제경매개시결정	2022년8월15일 제33566호	2022년8월15일 서울동부지방법원의 강제경매개시결정 (2022타경513 11)	채권자 주식회사 ●●●● ●●●●● ●●●●●● 세종특별자치시 ●●● ●● ●● ●●

법원에는 집행관이 있다. 이름만 들으면 뭔가 무섭게 느껴질 수 있지만 집행관은 법원의 일을 도와주는 사람이다. 법원이 경매 준비를 시작하면 집행관은 경매가 진행될 부동산을 방문한다. 거주하거나 사용하는 사람을 위해 경매가 시작됐음을 알리는 쪽지를 붙인다. 또한 부동산이 현재 어떤 상태인지, 어떻게 사용되고 있는지 등을 파악하는 현황조사를 실시한다.

② 배당요구종기일과 입찰기일을 결정한다

경매는 대부분 금전적인 이유 때문에 진행된다. 대출금, 미납 세금,

임차인 보증금 등은 부동산과 관련해 상당히 복잡한 이해관계를 만든다. 법원은 복잡하게 얽힌 이해관계자를 정리하기 위해 배당요구종기일을 정한다. 배당요구종기일은 돈을 받아야 하는 사람들에게 '이 날짜까지 받아야 하는 돈이 얼마인지 법원에 알려주세요'라는 의미다. 돈을 받아야 할 사람들이 배당요구종기일까지 법원에 배당 신청을 하면 법원은 실제 경매가 진행될 입찰기일을 정한다.

③ 입찰을 진행한다

부동산 경매는 특정한 날짜에 진행하는 기일입찰 방식으로, 입찰기일이 되면 경매 법정에서 입찰이 진행된다. 입찰기일에는 여러 부동산의 경매가 동시에 진행된다. 만약 경매로 나온 부동산에 아무도 입찰하지 않아 낙찰되지 않는다면? 그 부동산은 유찰되고 기존 최저가에서 가격을 더 낮춰서 약 한 달 뒤 다시 입찰이 진행된다. 유찰되지 않고 낙찰된 부동산은 어떻게 처리되는지 다음 단계로 넘어가보자.

[경매정보지에 소개된 두 번 유찰된 뒤 낙찰된 부동산 예시]

④ 검토를 한다

경매로 나온 부동산이 낙찰되면 법원은 낙찰 결과를 확정하기 위해 검토하는 시간을 갖는다. 이 과정을 매각허가결정 및 매각허가확정이라고 한다. 매각허가결정 및 매각허가확정은 낙찰받은 사람이 부동산을 매수할 자격이 되는지 또는 매각 절차에서 문제가 없었는지 등을 확인하는 과정이다. 약 2주에 걸쳐 진행되며 문제가 없다면 법원은 대금납부기일을 결정하고 낙찰자에게 잔금을 납부—계약금은 입찰 시 납부한다—하라고 한다. 낙찰자가 잔금을 납부하면 다음 단계로 넘어간다.

⑤ 소유권을 넘겨주고 배당을 실시한다

낙찰자가 잔금을 모두 납부하면 법원은 낙찰자에게 부동산의 소유권을 넘겨준다. 공식적으로 낙찰자의 부동산이 된 것이다. 동시에 법원은 배당표를 작성해 받을 돈이 있다고 신고한 이해관계자들에게 낙찰금을 나눠준다. 이 과정을 배당이라고 한다. 이렇게 배당까지 종료되면 경매 절차가 마무리된다.

법원의 전반적인 경매 절차를 이 5단계로 요약할 수 있다. 실제로는 복잡하고 까다로운 절차들이 더 있지만 우리가 알아야 할 핵심은 이 5단계다.

4

쉽게 설명하는
부동산 경매 필수 용어

말소기준권리 · 대항력 · 배당 · 우선변제권

부동산 경매를 하지 않더라도 알아두면 실생활에도 큰 도움이 되는 몇 가지 경매 용어들이 있다. 경매 입찰자뿐만 아니라 임대인이나 임차인도 알고 있으면 도움이 되는 필수 용어 4가지를 정리해봤다.

말소기준권리

경매로 나온 대부분의 부동산에는 금전적인 문제가 얽혀 있는 경우가 많다. 그래서 해당 부동산의 등기부에는 여러 사람들이 그 부동산에 대해 받을 돈이 있다는 기록을 남기는데, 등기부에 설정된 근저당·가압류·압류 등이 있다. 그런데 이런 복잡한 이해관계를 본인이 모두 해결하고 해당 부동산을 사려는 사람은 없을 것이다. 따라서 법원은 그 부동산에 얽혀 있는 복잡한 이해관계를 정리하고 매각하게 되는데, 그 기준이 말소기준권리다. 등기부에 기록된 여러 권리들 중 말소기준권리가 정해지면 그것을 기준으로 말소기준권리와 말소기준권리보다 늦게 설정된 권리들은 모두 사라진다. 일부의 몇몇 권리는 사라지지 않는 경우도 있지만 흔하지 않다.

[경매정보지에 소개된 경매로 나온 부동산 등기부의 말소기준권리 예시]

□ 등기부 현황(집합) 등기(집합)

순위	접수일자	권리종류	권리자	채권금액 예상배당액	말소	비고
1	2007-06-08 (36643)	소유권	조◯◯		이전	매매
2	2015-09-25 (52467)	근저당	◯◯◯◯은행	482,400,000 원	말소기준	
3	2019-07-01 (21579)	근저당	주식회사◯◯	200,000,000 원	말소	
4	2020-04-10 (14606)	가압류	정◯◯ 외 1명	300,000,000 원	말소	
5	2020-12-14 (46770)	가압류	김◯◯	197,600,000 원	말소	
6	2022-03-10 (8770)	압류	중구(서울특별시)		말소	세무2과-4718
7	2022-09-05 (31506)	강제경매	정◯◯ 외 1명	442,000,000 원	말소	2022타경108214

예를 들어 경매로 나온 부동산의 시세가 1억 원이라고 가정해보자. 그런데 해당 부동산에 빚이 5천만 원 있다면? 부동산을 팔아서 빚을 정리하면 된다. 시세보다 빚이 적어 부동산을 팔고 빚을 갚으면 경매는 취소된다. 반대로 경매로 나온 부동산의 시세가 1억 원인데, 2억 원의 빚이 있는 상황이라면 부동산을 팔아도 빚을 정리할 수 없다. 시세보다 빚이 더 많은 부동산은 시중에서 거래가 되지 않

는다. 2억 원의 빚이 있는 부동산을 1억 원에 구입하면 나머지 빚 1억 원에 대한 책임은 구입한 사람에게 있기 때문이다. 하지만 경매는 다르다. 시세가 1억 원인 부동산에 2억 원의 빚이 있어도 낙찰자는 책임지지 않는다. 법원에서 경매로 매각할 때는 지저분한 부동산의 등기부를 모두 정리해 새 상품으로 판매하기 때문이다. 그리고 법원이 새 상품으로 정리하는 기준이 바로 말소기준권리다.

대항력

본인이 전세로 거주 중인 임차인이라고 생각해보자. 계약 기간이 끝나면 이사를 갈 계획인데, 보증금을 돌려받지 못한다면 어떻게 할까? 당연히 임대인에게 보증금을 돌려달라고 요청할 것이다. 그럼에도 임대인이 보증금을 돌려주지 않는다면 계속 그 집에 거주하려 할 것이다. 이런 상황이 당연하다고 생각할 수 있지만 경매에서는 항상 당연한 상황이 아니다. 경매로 나온 부동산에 살고 있는 임차인은 해당 부동산이 낙찰돼도 경우에 따라 보증금을 한 푼도 돌려받지 못하고 집을 비워줘야 하는 상황이 있기 때문이다.

경매가 시작되기 전후로 나누어 살펴보자. 먼저 경매가 시작되기 전에는 임대인과 임차인 둘의 관계만 생각하면 된다. 해당 부동산에 얽힌 다른 사람들의 권리는 상관이 없다. 그런데 경매가 시작된 후에는 임대인뿐만 아니라 다른 사람들의 권리관계까지 모두 생각해야 한다. 본인이 전세로 살던 집이 경매로 넘어가는 것은 임대인 문제인데, 왜 임차인이 다른 사람들의 권리관계까지 생각해야 할까?

법은 임차인을 보호한다기보다 부동산에 대한 권리를 먼저 취득한 사람을 보호한다. 그래서 법적으로는 시간 순서대로 누구의 권리가 먼저인지 우선순위를 따지게 된다.

만약 경매로 나온 집에 임차인이 가장 먼저 권리를 취득했다면 보증금을 모두 돌려받을 때까지 거주할 수 있다. 예를 들어 1억 원의 전세 보증금이 있는데, 경매 과정에서 법원으로부터 8천만 원만 배당받았다면 나머지 2천만 원은 낙찰자에게 요구할 수 있다. 그리고 임차인은 2천만 원을 모두 돌려받을 때까지 해당 부동산에 계속 거주할 권리가 있다. 그런데 경매로 나온 집에 은행이 가장 먼저 권리를 취득했다면 상황은 반대가 된다. 은행의 권리를 보호해주는 것이 먼저다. 임차인이 1억 원의 전세 보증금 중 8천만 원만 배당받았다면 나머지 2천만 원은 돌려받지 못해도 집을 비워줘야 한다. 그리고 돌려받지 못한 2천만 원은 사실상 날린 것과 마찬가지다. 전세 계약 시 등기부 을구에서 근저당을 확인하는 이유가 바로 이 때문이다.

정리하면, 임차인의 권리가 다른 권리들보다 우선한다면 해당 부동산에 계속 거주하면서 보증금을 모두 돌려받을 수 있지만, 임차인의 권리가 다른 권리들보다 늦으면 돌려받는 보증금과 상관없이 집을 비워줘야 한다. 이 차이를 만드는 것이 바로 임차인의 대항력이다. 이름에서도 알 수 있듯이 대항력은 임차인이 대항할 수 있는 힘이다. 대항력은 임차인의 모든 권리를 만드는 기본이자 핵심이다.

임차인의 대항력은 어떻게 취득할까?

대항력은 임차인이 전입신고한 다음 날 0시에 자동으로 취득하게 된다. 그럼 전입신고만 하면 보증금을 모두 지킬 수 있을까? 아쉽게도 그렇지 않다. 만약 전세로 살고 있는 집이 경매로 넘어갔다면 임차인의 권리와 다른 권리들의 날짜를 비교해 누구의 권리가 먼저인지 확인해야 한다. 예를 들어 경매로 넘어간 집에 은행과 임차인, 2명의 이해관계자만 있다고 가정해보자. 은행은 근저당 접수 일자가 기준이고, 임차인은 대항력 취득 일자가 기준이다. 두 날짜를 비교해 근저당 접수일이 빠르면 법은 은행의 권리를 보호해주고 임차인의 대항력 취득일이 빠르면 법은 임차인을 보호해준다. 은행의 권리를 보호하는 경우 '임차인은 대항력이 없다'라고 표현하고, 임차인의 권리를 보호하는 경우 '임차인은 대항력이 있다'라고 표현한다. 만약 은행의 권리가 먼저이면 임차인은 보증금을 얼마를 돌려받든 낙찰자에게 집을 비워줘야 하고, 임차인의 권리가 먼저이면 배당받지 못한 보증금을 낙찰자에게 돌려달라고 요청할 수 있다. 아파트나 빌라 전세 계약을 할 때 근저당말소특약을 추가하는 이유가 바로 이것 때문이다. 이미 대출을 받아 근저당이 설정돼있는 집에 전세로 들어가면 임차인의 대항력은 당연히 근저당보다 늦을 수밖에 없다. 따라서 근저당이 설정된 집을 전세로 계약한다면 임차인의 보증금으로 임대인이 받은 대출을 갚도록 해야 한다. 임차인이 임대인에게 보증금을 주고 그 보증금으로 임대인이 집을 담보로 받은 은행 대출을 갚으면 근저당이 사라지기 때문에 임차인의 대항력 취득일이 더 빨라지기 때문이다. 실무적으로는 대출이 있는 집을 전세 계약할 때는 임차인이 임대인에게 보증금을 전부 송금하지 않고 임대인이 갚아야 하는 대출금만큼은 은행으로 송금하고 나머지 차액만 임대인에게 송금한다. 임대인이 임차인의 보증금으로 은행에 빌린 대출금을 갚지 않는 경우를 대비하기 위해서다. 은행 대출이 있는 집을 전세 계약한다면 임대차계약서에 근저당말소특약을 추가해야 하고 전입신고를 미루지 말고 빨리 하는 것이 임차인의 권리를 지키는 방법이다.

배당

음식을 나눠주면 배식, 물품을 나눠면 배급이라고 한다. 두 단어에서 알 수 있듯이 '배配'는 '나누다'는 의미다. 배당도 마찬가지다. 부동산 경매를 통해 돈 받을 사람에게 낙찰금을 나눠주는 것을 배당이라고 한다. 배당은 배식받는 과정과 비슷하다. 배식은 식당에 줄을 선 순서대로 받는 것처럼 배당도 줄을 선 순서대로 받는다. 배당을 받기 위해 줄을 선 순서는 굉장히 중요하다. 순서에 따라 돈을 전부 돌려받을 수도, 하나도 돌려받지 못할 수도 있기 때문이다. 그럼 누가 돌려받고 누가 돌려받지 못할까? 법원의 배당 순서에 따라 달라지는데, 배당 순서를 결정하는 것을 우선변제권이라고 한다.

우선변제권

인기 많은 음식점은 늘 사람들로 붐비고 줄을 서서 대기하는 사람도 많다. 만약 10명의 사람들이 줄을 서있는데, 준비된 음식은 5인분밖에 없다면 어떤 기준으로 음식이 내어질까? 먼저 온 순서, 다시 말해 줄을 선 순서다. 먼저 와서 줄을 선 5명은 음식을 맛볼 것이고 늦게 온 5명은 줄을 섰지만 음식을 맛볼 수 없다. 마찬가지로 경매에서도 채권자들은 매각된 부동산의 낙찰금을 배당받기 위해 줄을 서야 한다. 배당받기 위해 줄을 선 사람들에게 주어지는 권리를 우선변제권이라고 한다. 우선변제권이 중요한 이유는 음식을 먹고 먹지 못하는 것이 순서에 따라 달라지는 것처럼 돈을 전부 받을 수도 있고 한 푼도 받지 못할 수도 있기 때문이다. 예를 들어 빚이 10억 원

이 있는 부동산이 경매로 5억 원에 낙찰되면 5억 원에 안에 속하는, 먼저 줄을 선 사람들만 배당을 받고 늦게 줄을 선 사람들은 한 푼도 배당받지 못한다. 이처럼 돈을 받느냐 못 받느냐는 언제 줄을 섰느냐가 판가름하기 때문에 우선변제권의 순서는 돈 받을 사람에게 매우 중요하다.

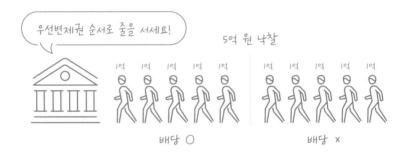

우선변제권은 언제 취득할까?

우선변제권의 취득 시기는 2가지로 나누어 판단해야 한다. 첫 번째는 부동산 등기부에 나타난 돈 받을 권리들이고, 두 번째는 등기부에 나타나지 않는 임차인의 권리다. 등기부에 나타난 돈 받을 권리들은 간단하다. 접수 일자에 우선변제권을 취득하게 된다. 접수 일자는 등기부 을구에서 확인할 수 있다. 을구는 소유권 외 사항을 나타내는 기록으로, 해당 부동산을 담보로 돈을 빌린 이력이 나타난다. 다음의 파란색 네모의 날짜가 접수 일자다. 옆 칸의 등기 원인 날짜와 헷갈리지 않도록 주의해야 한다.

【 을　　　구 】 (소유권 이외의 권리에 관한 사항)				
순위번호	등 기 목 적	접　　　수	등 기 원 인	권리자 및 기타사항
4	근저당권설정	2020년 1월 17일 제10166호	2020년 1월 17일 설정계약	채권최고액　금115,500,000원 채무자　최 　　경기도 부천시 경인로 근저당권자　　　　　　　은행 　　서울특별시 중구
5	근저당권설정	2021년 5월 4일 제79590호	2021년 5월 3일 설정계약	채권최고액　금60,000,000원 채무자　최 　　경기도 부천시 경인로 근저당권자　　　　　　주식회사 　　경기도 광명시

임차인은 조금 다르다. 임차인은 대항력을 취득한 날과 확정일자를 받은 날 중 늦은 날을 기준으로 우선변제권을 취득한다.

예를 들어 임차인이 2일에 확정일자를 받고 3일에 전입신고를 했다면 다음 날 0시부터 대항력을 취득한다. 우선변제권은 대항력을 취득한 날과 확정일자를 받은 날 중 늦은 날을 기준으로 취득하므로 4일을 기준으로 우선변제권을 취득하는 것이다.

1일	2일	3일	4일	5일	6일	7일

↗ 다음 날 0시

| 전입신고 | 대항력 | | | | |

확정일자

우선변제권 취득일

예를 들어 임차인이 2일에 전입신고를 하면 다음 날 0시부터 대항력을 취득하고, 7일에 확정일자를 받았다면 우선변제권은 대항력을 취득한 날과 확정일자를 받은 날 중 늦은 날을 기준으로 취득하므로 7일을 기준으로 우선변제권을 취득한다. 만약 전입신고와 확정일자 중 하나라도 없다면 우선변제권을 취득할 수 없기 때문에 경매 시 배당을 받지 못한다. 임대차계약을 할 때는 우선변제권을 취득하기 위해 전입신고와 확정일자를 받는 것이 중요하다.

정리하면, 등기부에 설정된 권리들은 접수 일자를 기준으로 우선변제권을 취득하고 임차인은 대항력을 취득한 날과 확정일자를 받은 날 중 늦은 날을 기준으로 우선변제권을 취득한다. 등기부상 근저당의 우선변제권 취득일이 2023년 1월 1일이고 임차인의 우선변제권 취득일이 2023년 1월 2일이라면 근저당이 먼저 배당을 받고 남은 돈으로 임차인이 배당을 받게 된다. 반대로 임차인의 우선변제권 취득일이 2023년 1월 1일이고 근저당의 우선변제권 취득일이 2023년 1월 2일이라면 임차인이 먼저 배당을 받고 남은 돈으로 근저당이 배당을 받게 된다.

대항력과 우선변제권을 취득하기 위한 전입신고와 확정일자는 늦추지 말고 하루라도 빨리 하는 것이 임차인의 권리를 지키는 방법임을 꼭 기억하자.

[부록 1] 주택임대차표준계약서 양식

주택임대차표준계약서

□보증금 있는 월세
□전세   □월세

임대인( )과 임차인( )은 아래와 같이 임대차 계약을 체결한다

[임차주택의 표시]

소 재 지					
토 지	지목		면적		㎡
건 물	구조·용도		면적		㎡
임차할부분			면적		㎡
계약의종류	□ 신규 계약		□ 합의에 의한 재계약		
	□「주택임대차보호법」제6조의3의 계약갱신요구권 행사에 의한 갱신계약				
	* 갱신 전 임대차계약 기간 및 금액				
	계약 기간: . . . ~ . . . 보증금: 원, 차임: 월 원				

미납 국세·지방세	선순위 확정일자 현황	확정일자 부여란
□ 없음 (임대인 서명 또는 날인 ㊞)	□ 해당 없음 (임대인 서명 또는 날인 ㊞)	
□ 있음(중개대상물 확인·설명서 제2쪽 II. 개업인 중개사 세부 확인사항 ⑨ 실제 권리관계 또는 공시되지 않은 물건의 권리사항'에 기재)	□ 해당 있음(중개대상물 확인·설명서 제2쪽 II.개업 공인중개사 세부 확인사항 ⑨ 실제 권리관계 또는 공시 되지 않은 물건의 권리사항'에 기재)	※ 주택임대(전세)계약서를 제출하고 임대차 신고의 접수를 완료한 경우에는 별도로 확정일자 부여를 신청할 필요가 없습니다.

[계약내용]

제1조(보증금과 차임 및 관리비) 위 부동산의 임대차에 관하여 임대인과 임차인은 합의에 의하여 보증금과 차임 및 관리비를 아래와 같이 지불하기로 한다.

보증금	금		원정(₩)			
계약금	금	원정(₩)은 계약시에 지불하고 영수함. 영수자 (인)				
중도금	금	원정(₩)은 _____ 년 _____ 월 _____ 일에 지불하며				
잔 금	금	원정(₩)은 _____ 년 _____ 월 _____ 일에 지불한다				
차임(월세)	금	원정은 매월 일에 지불한다(입금계좌:)				
관 리 비	(정액인 경우) 금 원정(₩)					
	(정액이 아닌 경우)					

제2조(임대차기간) 임대인은 임차주택을 임대차 목적대로 사용·수익할 수 있는 상태로 _____ 년 _____ 월 _____ 일까지 임차인에게 인도하고, 임대차기간은 인도일로부터 _____ 년 _____ 월 _____ 일까지로 한다.

제3조(입주 전 수리) 임대인과 임차인은 임차주택의 수리가 필요한 시설물 및 비용부담에 관하여 다음과 같이 합의한다.

수리 필요 시설	□ 없음 □ 있음(수리할 내용:)
수리 완료 시기	□ 잔금지급 기일인 _____ 년 _____ 월 _____ 일까지 □ 기타 ( )
약정한 수리 완료 시기까지 미 수리한 경우	□ 수리비를 임차인이 임대인에게 지급하여야 할 보증금 또는 차임에서 공제 □ 기타 ( )

제4조(임차주택의 사용·관리·수선) ① 임차인은 임대인의 동의 없이 임차주택의 구조변경 및 전대나 임차권 양도를 할 수 없으며, 임대차 목적인 주거 이외의 용도로 사용할 수 없다.
② 임대인은 계약 존속 중 임차주택을 사용·수익에 필요한 상태로 유지하여야 하고, 임차인은 임대인이 임차주택의 보존에 필요한 행위를 하는 때 이를 거절하지 못한다.
③ 임대인과 임차인은 계약 존속 중에 발생하는 임차주택의 수리 및 비용부담에 관하여 다음과 같이 합의한다. 다만, 합의되지 아니한 기타 수선비용에 관한 부담은 민법, 판례 기타 관습에 따른다.

임대인부담	(예컨대, 난방, 상·하수도, 전기시설 등 임차주택의 주요설비에 대한 노후·불량으로 인한 수선은 민법 제623조, 판례상 임대인이 부담하는 것으로 해석됨
임차인부담	(예컨대, 임차인의 고의·과실에 기한 파손, 전구 등 통상의 간단한 수선, 소모품 교체 비용은 민법 제623조, 판례상 임차인이 부담하는 것으로 해석됨

④ 임차인이 임대인의 부담에 속하는 수선비용을 지출한 때에는 임대인에게 그 상환을 청구할 수 있다.

제5조(계약의 해제) 임차인이 임대인에게 중도금(중도금이 없을 때는 잔금)을 지급하기 전까지, 임대인은 계약금의 배액을 상환하고, 임차인은 계약금을 포기하고 이 계약을 해제할 수 있다.

- 1 / 4 -

제6조(채무불이행과 손해배상) 당사자 일방이 채무를 이행하지 아니하는 때에는 상대방은 상당한 기간을 정하여 그 이행을 최고하고 계약을 해제할 수 있으며, 그로 인한 손해배상을 청구할 수 있다. 다만, 채무자가 미리 이행하지 아니할 의사를 표시한 경우의 계약해제는 최고를 요하지 아니한다.

제7조(계약의 해지) ① 임차인은 본인의 과실 없이 임차주택의 일부가 멸실 기타 사유로 인하여 임대차의 목적대로 사용할 수 없는 경우에는 계약을 해지할 수 있다.

② 임대인은 임차인이 2기의 차임액에 달하도록 연체하거나, 제4조 제1항을 위반한 경우 계약을 해지할 수 있다.

제8조(갱신요구와 거절) ① 임차인은 임대차기간이 끝나기 6개월 전부터 2개월 전까지의 기간에 계약갱신을 요구할 수 있다. 다만, 임대인은 자신 또는 그 직계존속·직계비속의 실거주 등 주택임대차보호법 제6조의3 제1항 각 호의 사유가 있는 경우에 한하여 계약갱신의 요구를 거절할 수 있다. ※ 별지2) 계약갱신 거절통지서 양식 사용 가능

② 임대인이 주택임대차보호법 제6조의3 제1항 제8호에 따른 실거주를 사유로 갱신을 거절하였음에도 불구하고 갱신요구가 거절되지 아니하였더라면 갱신되었을 기간이 만료되기 전에 정당한 사유 없이 제3자에게 주택을 임대한 경우, 임대인은 갱신거절로 인하여 임차인이 입은 손해를 배상하여야 한다.

③ 제2항에 따른 손해배상액은 주택임대차보호법 제6조의3 제6항에 의한다.

제9조(계약의 종료) 임대차계약이 종료된 경우에 임차인은 임차주택을 원래의 상태로 복구하여 임대인에게 반환하고, 이와 동시에 임대인은 보증금을 임차인에게 반환하여야 한다. 다만, 시설물의 노후화나 통상 생길 수 있는 파손 등은 임차인의 원상복구의무에 포함되지 아니한다.

제10조(비용의 정산) ① 임차인은 계약종료 시 공과금과 관리비를 정산하여야 한다.

② 임차인은 이미 납부한 관리비 중 장기수선충당금을 임대인(소유자인 경우)에게 반환 청구할 수 있다. 다만, 관리사무소 등 관리주체가 장기수선충당금을 정산하는 경우에는 그 관리주체에게 청구할 수 있다.

제11조(분쟁의 해결) 임대인과 임차인은 본 임대차계약과 관련한 분쟁이 발생하는 경우, 당사자 간의 협의 또는 주택임대차분쟁조정위원회의 조정을 통해 호혜적으로 해결하기 위해 노력한다.

제12조(중개보수 등) 중개보수는 거래 가액의 _____%인 _____원(□ 부가가치세 포함 □ 불포함)으로 임대인과 임차인이 각각 부담한다. 다만, 개업공인중개사의 고의 또는 과실로 인하여 중개의뢰인간의 거래행위가 무효·취소 또는 해제된 경우에는 그러하지 아니하다.

제13조(중개대상물확인·설명서 교부) 개업공인중개사는 중개대상물 확인·설명서를 작성하고 업무보증관계증서(공제증서등) 사본을 첨부하여 _____년 _____월 _____일 임대인과 임차인에게 각각 교부한다.

[특약사항]

• 주택을 인도받은 임차인은 _____년 _____월 _____일까지 주민등록(전입신고)과 주택임대차계약서상 확정일자를 받기로 하고, 임대인은 위 약정일자의 다음날까지 임차주택에 저당권 등 담보권을 설정할 수 없다.

• 임대인이 위 특약에 위반하여 임차주택에 저당권 등 담보권을 설정한 경우에는 임차인은 임대차계약을 해제 또는 해지할 수 있다. 이 경우 임대인은 임차인에게 위 특약 위반으로 인한 손해를 배상하여야 한다.

• 주택 임대차 계약과 관련하여 분쟁이 있는 경우 임대인 또는 임차인은 법원에 소를 제기하기 전에 먼저 주택임대차분쟁조정위원회에 조정을 신청한다 (□ 동의 □ 미동의)

※ 주택임대차분쟁조정위원회 조정을 통할 경우 60일(최대 90일) 이내 신속하게 조정 결과를 받아볼 수 있습니다.

• 주택의 철거 또는 재건축에 관한 구체적 계획 (□ 없음 □ 있음 ※공사시기 :   ※ 소요기간 :   개월)

• 상세주소가 없는 경우 임차인의 상세주소부여 신청에 대한 소유자 동의여부 (□ 동의 □ 미동의)

※ 기타

본 계약을 증명하기 위하여 계약 당사자가 이의 없음을 확인하고 각각 서명·날인 후 임대인, 임차인, 개업공인중개사는 매 장마다 간인하여, 각각 1통씩 보관한다.   년   월   일

임대인	주 소						서명 또는 날인인
	주민등록번호		전 화		성 명		
	대 리 인	주소		주민등록번호		성 명	
임차인	주 소						서명 또는 날인인
	주민등록번호		전 화		성 명		
	대 리 인	주소		주민등록번호		성 명	
개업공인중개사	사무소소재지			사무소소재지			
	사무소명칭			사무소명칭			
	대 표	서명 및 날인	㉑	대 표	서명 및 날인		㉑
	등 록 번 호		전화	등 록 번 호		전화	
	소속공인중개사	서명 및 날인	㉑	소속공인중개사	서명 및 날인		㉑

■ 공인중개사법 시행규칙 [별지 제20호서식] <개정 2021. 12. 31.>

(4쪽 중 제1쪽)

중개대상물 확인·설명서[I] (주거용 건축물)

([ ]단독주택 [ ]공동주택 [ ]매매·교환 [ ]임대)

확인·설명 자료	확인·설명 근거자료 등	[ ]등기권리증[ ]등기사항증명서[ ]토지대장[ ]건축물대장 [ ]지적도 [ ]임야도 [ ]토지이용계획확인서 [ ]그 밖의 자료( )
	대상물건의 상태에 관한 자료요구 사항	

유의사항	
개업공인중개사의 확인·설명 의무	개업공인중개사는 중개대상물에 관한 권리를 취득하려는 중개의뢰인에게 성실·정확하게 설명하고, 토지대장 등본, 등기사항증명서 등 설명의 근거자료를 제시해야 합니다.
실제 거래가격 신고	「부동산 거래신고 등에 관한 법률」 제3조 및 같은 법 시행령 별표 1 제1호마목에 따른 실제 거래가격은 매수인이 매수한 부동산을 양도하는 경우 「소득세법」 제97조제1항 및 제7항과 같은 법 시행령 제163조제11항제2호에 따라 취득 당시의 실제 거래가격으로 보아 양도차익이 계산될 수 있음을 유의하시기 바랍니다.

I. 개업공인중개사 기본 확인사항

① 대상물건의 표시	토지	소재지				
		면적(㎡)		지목	공부상 지목	
					실제 이용 상태	
	건축물	전용면적(㎡)			대지지분(㎡)	
		준공년도 (증개축년도)		용도	건축물대장상 용도	
					실제 용도	
		구조		방향		(기준:)
		내진설계 적용여부		내진능력		
		건축물대장상 위반건축물 여부	[ ]위반 [ ]적법	위반내용		

② 권리관계	등기부 기재사항		소유권에 관한 사항		소유권 외의 권리사항	
			토지		토지	
			건축물		건축물	
	민간 임대 등록 여부	등록	[ ] 장기일반민간임대주택 [ ] 공공지원민간임대주택 [ ] 그 밖의 유형( )			
			임대의무기간		임대개시일	
		미등 록	[ ] 해당사항 없음			
	계약갱신 요구권 행사 여부		[ ] 확인(확인서류 첨부) [ ] 미확인 [ ] 해당 없음			
	다가구주택 확인서류 제출여부		[ ] 제출(확인서류 첨부) [ ] 미제출 [ ] 해당 없음			

③ 토지이용 계획, 공법상 이용 제한 및 거래 규제에 관한 사항(토지)	지역·지구	용도지역			건폐율 상한	용적률 상한
		용도지구			%	%
		용도구역				
	도시·군계획 시설		허가·신고 구역 여부	[ ]토지거래허가구역		
			투기지역 여부	[ ]토지투기지역[ ]주택투기지역[ ]투기과열지구		
	지구단위계획구역, 그 밖의 도시·군관리계획			그 밖의 이용제한 및 거래규제사항		

210mm×297mm[백상지(80g/㎡) 또는 중질지(80g/㎡)]

	도로와의 관계	(㎡ × ㎡)도로에 접함 [ ] 포장 [ ] 비포장		접근성	[ ] 용이함 [ ] 불편함		
④ 입지조건	대중교통	버스	( ) 정류장, 소요시간: ([ ] 도보 [ ] 차량) 약 분				
		지하철	( ) 역, 소요시간: ([ ] 도보 [ ] 차량) 약 분				
	주차장	[ ] 없음 [ ] 전용주차시설 [ ] 공동주차시설 [ ] 그 밖의 주차시설 ( )					
	교육시설	초등학교	( ) 학교, 소요시간: ([ ] 도보 [ ] 차량) 약 분				
		중학교	( ) 학교, 소요시간: ([ ] 도보 [ ] 차량) 약 분				
		고등학교	( ) 학교, 소요시간: ([ ] 도보 [ ] 차량) 약 분				
	판매 및 의료시설	백화점 및 할인매장	( ), 소요시간: ([ ] 도보 [ ] 차량) 약 분				
		종합의료시설	( ), 소요시간: ([ ] 도보 [ ] 차량) 약 분				

⑤ 관리에 관한사항	경비실	[ ] 있음 [ ] 없음	관리주체	[ ] 위탁관리 [ ] 자체관리 [ ] 그 밖의 유형

⑥ 비선호시설(1km이내)	[ ] 없음 [ ] 있음 (종류 및 위치:)

⑦ 거래예정금액 등	거래예정금액		
	개별공시지가(㎡당)		건물(주택) 공시가격

⑧ 취득 시 부담할 조세의 종류 및 세율	취득세	%	농어촌특별세	%	지방교육세	%
	※ 재산세와 종합부동산세는 6월 1일 기준 대상물건 소유자가 납세의무를 부담					

Ⅱ. 개업공인중개사 세부 확인사항

⑨ 실제 권리관계 또는 공시되지 않은 물건의 권리 사항

		수도	파손 여부	[ ] 없음 [ ] 있음 (위치:)	
⑩ 내부·외부 시설물의 상태 (건축물)			용수량	[ ] 정상 [ ] 부족함 (위치:)	
		전기	공급상태	[ ] 정상 [ ] 교체 필요 (교체할 부분:)	
		가스(취사용)	공급방식	[ ] 도시가스 [ ] 그 밖의 방식 ( )	
		소방	단독경보형 감지기	[ ] 없음 [ ] 있음(수량: 개)	※「화재예방, 소방시설 설치·유지 및 안전관리에 관한 법률」 제8조 및 같은 법 시행령 제13조에 따른 주택용 소방시설로서 아파트(주택으로 사용하는 층수가 5개층 이상인 주택을 말한다)를 제외한 주택의 경우만 작성합니다.
		난방방식 및 연료공급	공급방식	[ ] 중앙공급 [ ] 개별공급 시설작동 [ ] 정상 [ ] 수선 필요 ( ) ※개별 공급인 경우 사용연한 ( ) [ ] 확인불가	
			종류	[ ] 도시가스 [ ] 기름 [ ] 프로판가스 [ ] 연탄 [ ] 그 밖의 종류 ( )	
		승강기		[ ] 있음 ([ ] 양호 [ ] 불량) [ ] 없음	
		배수		[ ] 정상 [ ] 수선 필요 ( )	
		그 밖의 시설물			

⑪ 벽면·바닥면 및 도배 상태	벽면	균열	[ ] 없음 [ ] 있음 (위치:)
		누수	[ ] 없음 [ ] 있음 (위치:)
	바닥면		[ ] 깨끗함 [ ] 보통임 [ ] 수리 필요 (위치:)
	도배		[ ] 깨끗함 [ ] 보통임 [ ] 도배 필요
⑫ 환경 조건	일조량		[ ] 풍부함 [ ] 보통임 [ ] 불충분 (이유:)
	소음		[ ] 아주 작음 [ ] 보통임 [ ] 심한 편임 진동 [ ] 아주 작음 [ ] 보통임 [ ] 심한 편임

III. 중개보수 등에 관한 사항

⑬ 중개보수 및 실비의 금액과 산출내역	중개보수		<산출내역> 중개보수:
	실비		실 비:
	계		
	지급시기		※ 중개보수는 시·도 조례로 정한 요율한도에서 중개의뢰인과 개업공인중개사가 서로 협의하여 결정하며 부가가치세는 별도로 부과될 수 있습니다.

「공인중개사법」 제25조제3항 및 제30조제5항에 따라 거래당사자는 개업공인중개사로부터 위 중개대상물에 관한 확인·설명 및 손해배상책임의 보장에 관한 설명을 듣고, 같은 법 시행령 제21조제3항에 따른 본 확인·설명서와 같은 법 시행령 제24조제 2항에 따른 손해배상책임 보장 증명서류(사본 또는 전자문서)를 수령합니다.

년   월   일

매도인 (임대인)	주소		성명	(서명 또는 날인)
	생년월일		전화번호	
매수인 (임차인)	주소		성명	(서명 또는 날인)
	생년월일		전화번호	
개업 공인중개사	등록번호		성명 (대표자)	(서명 및 날인)
	사무소 명칭		소속 공인중개사	(서명 및 날인)
	사무소 소재지		전화번호	
개업 공인중개사	등록번호		성명 (대표자)	(서명 및 날인)
	사무소 명칭		소속 공인중개사	(서명 및 날인)
	사무소 소재지		전화번호	

작성방법(주거용 건축물)

<작성일반>

1. "[ ]"있는 항목은 해당하는 "[ ]"안에 √로 표시합니다.

2. 세부항목 작성 시 해당 내용을 작성란에 모두 작성할 수 없는 경우에는 별지로 작성하여 첨부하고, 해당란에는 "별지 참고"라고 적습니다.

<세부항목>

1. 「확인·설명자료」 항목의 "확인·설명 근거자료"에는 개업공인중개사가 확인·설명 과정에서 제시한 자료를 적으며, "대상물건의 상태에 관한 자료요구 사항"에는 매도(임대)의뢰인에게 요구한 사항 및 그 관련 자료의 제출 여부와 ⑨ 실제 권리관계 또는 공시되지 않은 물건의 권리사항부터 ⑫ 환경조건까지의 항목을 확인하기 위한 자료의 요구 및 그 불응 여부를 적습니다.

2. ① 대상물건의 표시부터 ⑧ 취득 시 부담할 조세의 종류 및 세율까지는 개업공인중개사가 확인한 사항을 적어야 합니다.

3. ① 대상물건의 표시는 토지대장 및 건축물대장 등을 확인하여 적고, 건축물의 방향은 주택의 경우 거실이나 안방 등 주실(主室)의 방향을, 그 밖의 건축물은 주된 출입구의 방향을 기준으로 남향, 북향 등 방향을 적고 방향의 기준이 불분명한 경우 기준(예: 남동향·거실 앞 발코니 기준)을 표시하여 적습니다.

4. ② 권리관계의 "등기부 기재사항"은 등기사항증명서를 확인하여 적습니다.

5. ② 권리관계의 "민간임대 등록여부"는 대상물건이 「민간임대주택에 관한 특별법」에 따라 등록된 민간임대주택인지 여부를 같은 법 제60조에 따른 임대주택정보체계에 접속하여 확인하거나 임대인에게 확인하여서 "[ ]"안에 √로 표시하고, 민간임대주택인 경우 「민간임대주택에 관한 특별법」에 따른 권리·의무사항을 임차인에게 설명해야 합니다.

> * 민간임대주택은 「민간임대주택에 관한 특별법」 제5조에 따른 임대사업자가 등록한 주택으로서, 임대인과 임차인 간 임대차 계약(재계약 포함)시 다음과 같은 사항이 적용됩니다.
> ① 같은 법 제44조에 따라 임대의무기간 중 임대료 증액청구는 5퍼센트의 범위에서 주거비 물가지수, 인근 지역의 임대료 변동률 등을 고려하여 같은 법 시행령으로 정하는 증액비율을 초과하여 청구할 수 없으며, 임대차계약 또는 임대료 증액이 있은 후 1년 이내에는 그 임대료를 증액할 수 없습니다.
> ② 같은 법 제45조에 따라 임대사업자는 임차인이 의무를 위반하거나 임대차를 계속하기 어려운 경우 등에 해당하지 않으면 임대의무기간 동안 임차인과의 계약을 해제·해지하거나 재계약을 거절할 수 없습니다.

6. ② 권리관계의 "계약갱신요구권 행사여부" 및 "다가구주택 확인서류 제출여부"는 다음 각 목의 구분에 따라 적습니다.

   가. "계약갱신요구권 행사여부"는 대상물건이 「주택임대차보호법」의 적용을 받는 주택으로서 임차인이 있는 경우 매도인(임대인)으로부터 계약갱신요구권 행사 여부에 관한 사항을 확인할 수 있는 서류를 받으면 "확인"에 √로 표시하여 해당 서류를 첨부하고, 서류를 받지 못한 경우 "미확인"에 √로 표시하며, 임차인이 없는 경우에는 "해당 없음"에 √로 표시합니다. 이 경우 개업공인중개사는 「주택임대차보호법」에 따른 임대인과 임차인의 권리·의무사항을 매수인에게 설명해야 합니다.

   나. "다가구주택 확인서류 제출여부"는 대상물건이 다가구주택인 경우로서 매도인(임대인) 또는 개업공인중개사가 주민센터 등에서 발급받은 다가구주택 확정일자 부여현황(임대차기간, 보증금 및 차임)이 적힌 서류를 제출하면 "제출"에 √로 표시하고, 제출하지 않은 경우에는 "미제출"에 √로 표시하며, 다가구주택이 아닌 경우에는 "해당 없음"에 √로 표시하고 그 사실을 중개의뢰인에게 설명해야 합니다.

7. ⑤ 토지이용계획, 공법상 이용제한 및 거래규제에 관한 사항(토지)의 "건폐율 상한 및 용적률 상한"은 시·군의 조례에 따라 적고, "도시·군계획시설", "지구단위계획구역, 그 밖의 도시·군관리계획"은 개업공인중개사가 확인하여 적으며, 그 밖의 이용제한 및 거래규제사항"은 토지이용계획확인서의 내용을 확인하고, 공부에서 확인할 수 없는 사항은 부동산종합공부시스템 등에서 확인하여 적습니다(임대차의 경우에는 생략할 수 있습니다).

8. ⑥ 비선호시설(1km이내)의 "종류 및 위치"는 대상물건으로부터 1km 이내에 사회통념상 기피 시설인 화장장·납골당·공동묘지·쓰레기처리장·쓰레기소각장·분뇨처리장·하수종말처리장 등의 시설이 있는 경우, 그 시설의 종류 및 위치를 적습니다.

9. ⑦ 거래예정금액 등의 "거래예정금액"은 중개가 완성되기 전 거래예정금액을, "개별공시지가(㎡당)" 및 "건물(주택)공시가격"은 중개가 완성되기 전 공시된 공시지가 또는 공시가격을 적습니다[임대차의 경우에는 "개별공시지가(㎡당)" 및 "건물(주택)공시가격"을 생략할 수 있습니다].

10. ⑧ 취득 시 부담할 조세의 종류 및 세율은 중개가 완성되기 전 「지방세법」의 내용을 확인하여 적습니다(임대차의 경우에는 제외합니다).

11. ⑨ 실제 권리관계 또는 공시되지 않은 물건의 권리 사항은 매도(임대)의뢰인이 고지한 사항(법정지상권, 유치권, 「주택임대차보호법」에 따른 임대차, 토지에 부착된 조각물 및 정원수, 계약 전 소유권 변동 여부, 도로의 점용허가 여부 및 권리·의무 승계 대상 여부 등)을 적습니다. 「건축법 시행령」 별표 1 제2호에 따른 공동주택(기숙사는 제외합니다) 중 분양을 목적으로 건축되었으나 분양되지 않아 보존등기만 마쳐진 상태인 공동주택에 대해 임대차계약을 알선하는 경우에는 이를 임차인에게 설명해야 합니다.

   ※ 임대차계약의 경우 임대보증금, 월 단위의 차임액, 계약기간, 장기수선충당금의 처리 등을 확인하고, 근저당 등이 설정된 경우 채권최고액을 확인하여 적습니다. 그 밖에 경매 및 공매 등의 특이사항이 있는 경우 이를 확인하여 적습니다.

12. ⑩ 내부·외부 시설물의 상태(건축물), ⑪ 벽면·바닥면 및 도배 상태와 ⑫ 환경조건은 중개대상물에 대해 개업공인중개사가 매도(임대)의뢰인에게 자료를 요구하여 확인한 사항을 적고, ⑩ 내부·외부 시설물의 상태(건축물)의 "그 밖의 시설물"은 가정자동화 시설(Home Automation 등 IT 관련 시설)의 설치 여부를 적습니다.

13. ⑬ 중개보수 및 실비는 개업공인중개사와 중개의뢰인이 협의하여 결정한 금액을 적되 "중개보수"는 거래예정금액을 기준으로 계산하고, "산출내역(중개보수)"은 "거래예정금액(임대차의 경우에는 임대보증금 + 월 단위의 차임액 × 100) × 중개보수 요율"과 같이 적습니다. 다만, 임대차로서 거래예정금액이 5천만원 미만인 경우에는 "임대보증금 + 월 단위의 차임액 × 70"을 거래예정금액으로 합니다.

14. 공동중개 시 참여한 개업공인중개사(소속공인중개사를 포함합니다)는 모두 서명·날인해야 하며, 2명을 넘는 경우에는 별지로 작성하여 첨부합니다.

Epilogue

3년을 아낀 여러분에게

이 책을 읽은 여러분은 3년의 시간을 아꼈습니다. 제가 그간 부동산에 대해 공부하고 경험했던 내용을 압축해서 담았기 때문이죠. 실제 부동산을 거래하거나 투자하지 않더라도 실생활에 도움이 되는 내용들이었으면 하는 바람입니다.

저 역시 그랬지만 대부분의 사람들은 이론부터 완벽하게 습득한 뒤 무언가를 시작하려 합니다. 하지만 부동산은 특히 그래서는 안 됩니다. 그럴 수도 없고요. 제가 전해준 지식을 바탕으로 실제 거주할 집을 장만하고 싶다면 직접 공인중개사와 대화해야 하고, 투자를 하고 싶다면 직접 발로 뛰어 임장을 다녀야 합니다. 또한 상식을 채우기 위해 읽었다면 잊어버리지 않기 위해 누군가에게 설명해보거나 직접 글로 정리해봐야겠죠.

부동산 강의를 들어본 사람이라면 공감할 겁니다. '대지권', '공시지가', '갭' 등 다른 사람은 알고 있는 용어 같은데 나만 모르는 것 같은 그런 기분이 들었던 적 없나요? 여기서 발전하는 사람과 그렇지 않은 사람이 나눠집니다. '임자와임장'이라는 저의 인스타그램 계정을 통해 처음 주최했던 부동산 경매 강의에서 맨 앞에 앉아있던 22살의 한 대학생이 했던 질문입니다.

"근데... 갭 투자가 뭐예요?"

누군가는 '부동산 경매 강의를 들으러 온 사람이 갭 투자도 몰라?' 라고 생각할 수 있겠죠. 하지만 물어보기 부끄러운 질문을 '하는 사람'과 '안 하는 사람'이 있다면 10년 뒤 둘 중 누가 더 앞서있을까요? 본인이 모르는 것을 숨기면서 평생 알지 못하는 사람보다 열심히 질문하고 알아가는 사람이 훨씬 더 발전해있을 것입니다. 이 책은 그 부끄러운 질문을 대신 해주는 책입니다. 하지만 궁금한 것이 있다면 실제로도 질문을 해야 합니다. 저는 임자와임장 인스타그램 계정을 통해 사람들에게 부동산 정보를 전달하고 있습니다. 2달 만에 약 1만 팔로워를 달성하기도 했죠. 단기간에 어떻게 인기를 얻을 수 있었을까요? 바로 사람들이 물어보기 부끄러울 것 같은 부동산

정보를 쉽게 전달했기 때문입니다. 계정의 성장 속도를 보면 알 수 있듯이 여러분만 모르는 게 아닙니다. 다들 모르는데, 아는 척할 뿐입니다. 이 책을 끝까지 읽은 여러분은 끈기 있고 똑똑한 사람이라 생각됩니다. 이제부터는 아는 척하기보다는 더 질문하고 더 많이 알아가는 사람이 되길 바랍니다.

제가 프롤로그에서 3년 전 신규 간호사 시절 월급으로는 집을 살수 없음을 깨달았다고 말했습니다. 그런데 저는 이미 더 이전인 22살부터 알고 있었을지도 모릅니다. 그 시절 친구였던 이찬종이라는 사람이 저에게 알려줬었거든요.

"너같이 똑똑한 애가 왜 공무원만 하려고 해? 자본을 공부해보면 어때?"

하지만 그 당시 저는 외면하고 싶었던 것 같습니다. 저에게는 너무 머리 아픈 이야기일 뿐이었거든요. 막연하게 시간이 지나면 다알게 될 지식이라고 생각했습니다. 그 시절 저를 만난다면 말해주고싶습니다. 이 책을 보라고. 자본을 공부해보라고. 별거 아니라고 말이죠.

이 책은 현재 제 남자 친구인 이찬종 님과 함께 집필했습니다. 그와 함께한 덕분에 제 삶도 많이 변했고 임자와임장 인스타그램 계정을 운영하며 다양한 경험도 할 수 있었습니다. 인스타그램을 시작하게 된 것도, 사람들에게 도움이 되는 책을 출간할 수 있게 된 것도 모두 네 덕분이라고, 고맙다고 말해주고 싶습니다. 또한 첫 책 출간이라 미숙한 저희의 글을 함께 고민해주신 새로운 제안 출판사의 장아름 대리님께도 깊은 감사의 말씀을 전하고 싶습니다.